Das existentielle Selbst oder *das Selbst in der Existenz*

Europäische Hochschulschriften
Publications Universitaires Européennes
European University Studies

**Reihe XX
Philosophie**

Série XX Series XX
Philosophie
Philosophy
Anthropology-Ethnology

Bd./Vol. 719

PETER LANG
Frankfurt am Main · Berlin · Bern · Bruxelles · New York · Oxford · Wien

Sandra Maria Jusinger

Das existentielle Selbst oder
das Selbst in der Existenz

Kontroversen und Parallelen hinsichtlich des
Konzepts des Individuums am Beispiel von
Nishida Kitarō und Karl Jaspers

Bibliografische Information der Deutschen Nationalbibliothek
Die Deutsche Nationalbibliothek verzeichnet diese Publikation in der Deutschen Nationalbibliografie; detaillierte bibliografische Daten sind im Internet über <http://www.d-nb.de> abrufbar.

Die vorliegende Arbeit wurde von
Frau Dr. Hashi Hisaki
zur Publikation empfohlen.

Gedruckt auf alterungsbeständigem,
säurefreiem Papier.

ISSN 0721-3417
ISBN 978-3-631-58169-8
© Peter Lang GmbH
Internationaler Verlag der Wissenschaften
Frankfurt am Main 2008
Alle Rechte vorbehalten.

Das Werk einschließlich aller seiner Teile ist urheberrechtlich geschützt. Jede Verwertung außerhalb der engen Grenzen des Urheberrechtsgesetzes ist ohne Zustimmung des Verlages unzulässig und strafbar. Das gilt insbesondere für Vervielfältigungen, Übersetzungen, Mikroverfilmungen und die Einspeicherung und Verarbeitung in elektronischen Systemen.

Printed in Germany 1 2 3 4 5 7

www.peterlang.de

Für meine Eltern
&
Wolfgang

Inhaltsverzeichnis

VORWORT   11

EINLEITUNG   13

1. KYOTO-SCHULE UND JASPERS – DAS DENKEN VON DER KULTUR   19
  1.1. Japan im Kontext seiner Multikulturalität   20
  1.2. Jaspers' Entwurf der buddhistischen Erkenntnis   22

2. SCHÖPFUNG AUS DER EIGENEN EXISTENZ   27
  2.1. Zenpraxis und Wissenschaft   27
  2.2. Extremsituationen   31

3. DAS SELBST AM UNTERSUCHUNGSTISCH   33
  3.1. Gegenstands- und Ichbewusstsein   33
  3.2. Die Priorität der reinen Erfahrung   37
  3.3. Gibt es (Willens-)Freiheit wirklich?   40

4. CHARAKTERISTIKA DES ICHS BZW. DES
SELBST 43
4.1. Seinsdimensionen 44
    4.1.1. Die Seinsebenen bei Nishida Kitarō 45
    4.1.2. Karl Jaspers' Seinsstufen 47
4.2. Das umfassende Prinzip der Realität 50
    4.2.1. Das Umgreifende 50
    4.2.2. Der Ort 51
4.3. Bereiche der Kommunikation 53
4.4. Exkurs: Karl Jaspers in Differenz zu Martin Heidegger 58
    4.4.1. Bedeutungen des Begriffs „Dasein" bei Karl Jaspers 58
    4.4.2. Das „Dasein" bei Martin Heidegger 60

5. DAS WAHRE SELBST BEZIEHUNGSWEISE DIE WAHRE SUBJEKTIVITÄT 63
5.1. Widersprüchlichkeiten des Seins 65
5.2. Philosophie des Todes 70
    5.2.1. Die Beschaffenheit der Grenzsituation 70
    5.2.2. Tod, Leiden, Kampf und Schuld bei Karl Jaspers 71
    5.2.3. Der Tod als Grundstruktur des menschlichen Daseins 74
        5.2.3.1. Das Problem der Sterblichkeit 74

5.2.3.2. Tod, Leiden, Selbstkonfrontation und Schuld
bei Nishida Kitarō   76
5.2.3.3. Individualität angesichts des Todes   80
5.2.3.4. Überwindung des Todes   80
5.2.3.5. Das „Nichts"/*zettai mu* oder die Aufhebung
der Gegensätze bei Jaspers   82
5.3. Philosophie und Religion   83
5.4. Das Leiden: Jaspers' Abgrenzung vom
Buddhismus   87
5.5. Exkurs: Vielschichtigkeit in Nishidas Werk – Das
Dämonische im Absoluten   92

6. DAS SEIN UND DAS NICHTS   97
6.1. Das zweifache Nichts   97
6.2. Die Koexistenz der Gegensätze   98

7. KONKLUSION   101

BIBLIOGRAPHIE   105

ANHANG   111

Vorwort

> Wir sind immer in „Situationen". Diese Situationen wandeln sich, Gegebenheiten treten auf; wenn sie versäumt werden, kehren sie nicht wieder. Ich kann selber an der Veränderung der Situation arbeiten. Aber es gibt Situationen, die in ihrem Wesen bleiben, auch wenn ihre augenblickliche Erscheinung anders wird und ihre überwältigende Macht sich in Schleier hüllt: ich muß sterben, ich muß leiden, ich bin dem Zufall unterworfen, ich verstricke mich unausweichlich in Schuld. Diese Grundsituationen unseres Daseins nennen wir Grenzsituationen. D.h. es sind Situationen, über die wir nicht hinauskönnen. Das Bewußtsein dieser Grenzsituationen ist der tiefere Ursprung der Philosophie[1].

Dieser zitierte Absatz, der bereits den Kern und die Intention des Jaspersschen Denkens offenbart, war das Erste, das ich von Karl Jaspers erfahren habe. Im Laufe der achten Klasse meines Gymnasiums wurde ich im Rahmen des Philosophieunterrichts auf die existentialistische Strömung und darauf folgend auf Jaspers aufmerksam gemacht.

Der Textauszug aus „Betroffenheit als Zugang zur Philosophie", der sich in meinem alten Philosophiebuch befindet, hat mich fasziniert und zum Denken angeregt. Was mich so begeistert hat, war der deutliche Zugang zum praktischen Leben. Bis dahin hatte ich zum Großteil metaphysisch abstrakte, logische Denkweisen grob kennen gelernt; im Denken Jaspers' schien mir ein neuer Zugang zur Philosophie gegeben zu sein. Karl Jaspers nennt das Bewusstsein von Grenzsituationen den Ursprung des Denkens; ein Ansatz, der stark vom konkreten Menschen ausgeht.

Besonders interessant erschienen mir hierbei die psychologischen Konsequenzen, die sich aus einer solchen Denkweise ergeben. Der Mensch ist in Laufe seines Lebens vor die unausweichlichen Tatsachen des Leidens und des Todes gestellt. Wie reagiert der Einzelne im Bezug auf diese Wahrheiten? Aus psychologischer und fast schon psychotherapeutischer Sicht erscheint das Auskosten des Lebens und die Bemühung das Beste aus seinem Dasein herauszuholen, solange es einem gegeben ist, als ein nachvollziehbarer Ansatz.

Da ich schon damals ein Faible hatte für östliches Denken und östliche Weisen des Sich-Selbst-Erkennens, fiel es mir nicht schwer Bezüge zu diesen Gedanken herzustellen. Diese Assoziation zu asiatischen Denkweisen verstärkte mein Interesse daran, an dem zitierten Absatz sozusagen hängen zu bleiben. Buddhistisches Denken lehrt ein Sich-Versenken im Augenblick und ein Bewusstsein, dass alles Leben voll Leiden ist. Aus

---

[1] Jaspers, Karl. Betroffenheit als Zugang zur Philosophie. In: ders. Was ist Philosophie? München 1980, S.40. zitiert nach: Liessman, Konrad. Zenaty, Gerhard. Vom Denken. Einführung in die Philosophie. Wien: Universitäts-Verlagsbuchhandlung Ges.m.b.H., 1998, S. 217

diesem Denken ergibt sich ebenfalls eine Aufforderung das Leben in seiner schwindenden Dauer zu erkennen und daher jeden Augenblick auszukosten.

Mein aufrichtiger Dank gilt Univ.-Doz. MMag. Dr. Hisaki Hashi für ihre umsichtige, engagierte und inspirierende Betreuung.

Randbemerkung zur Form der vorliegenden Arbeit:
Eigennamen werden ihrer jeweiligen landeseigenen Art gemäß geschrieben; das heißt, japanische Namen werden in der Form Familienname, dann Vorname, dargestellt.
Ähnlich verhält es sich mit japanischen Ortsbezeichnungen, die in der vorliegenden Arbeit der japanischen Diktion folgen.

Einleitung

Wie der von mir gewählte Titel meiner Arbeit „Das existentielle Selbst" oder „das Selbst in der Existenz" schon verrät, soll der Kern meiner Beschäftigung sich um das Ich oder das Selbst, wie Nishida es nennt, in seiner Brüchigkeit drehen. Ich habe im Titel der Arbeit scheinbar kulturell unterschiedlich konnotierte Begriffe miteinander vermischt. Existenz und Selbst sind zentrale Elemente einmal im europäischen, zum Anderen im östlichen Denken. Diese Vermengung ist durchaus absichtlich gewählt; sie soll bereits die vorhandenen Zusammenhänge zwischen diesen beiden Denkweisen trotz zahlreicher, unterschiedlicher Begriffsauffassungen und Zugängen zur Philosophie andeuten.

Das zentrale Anliegen der vorliegenden Arbeit soll die Annäherung an das Wesen der Existenz sein. Der Mensch scheint angesichts von Katastrophen wie Tod oder Leiden zu verzweifeln; die Kyoto-Schule, im Speziellen Nishida mit Rückbindung an buddhistische Denkweisen, und Karl Jaspers geben dem menschlichen Leben gerade aus diesen unausweichlichen, leidvollen Situationen heraus seinen Sinn. Dieses Stürzen in den nackten Kern seiner selbst ist es ja eben, das den Menschen sein Dasein ergreifen lässt.
Das Beeindruckende an dieser Thematik ist der Konsens von Kyoto-Schule und Jaspers in vielen grundlegenden Dingen trotz der gravierenden kulturellen und denksystematischen Unterschiede. Beide Ansätze entspringen völlig verschiedenen Kontexten und nähern einander doch in wesentlichen Punkten an.

Da die vorliegende Arbeit einen Bogen zwischen zwei verschiedenen Kulturen und philosophischen Kontexten spannt, scheint mir wichtig das Thema der Interkulturalität als einleitendes Kapitel anzusprechen. Unter Karl Jaspers' und Nishidas Abhandlungen finden sich einige Stellungnahmen zu einer „Weltgeschichte der Philosophie". Diese Ansätze ziehe ich heran um ihre Ansichten vom Verhältnis europäischen und außereuropäischen Gedankenguts zu durchleuchten. Welche Auffassungen die von mir zu besprechenden Denker im Hinblick auf interkulturelle Beeinflussung vertraten, ist ein wesentlicher Punkt meiner Beschäftigung, weshalb ich diese meinen Hauptkapiteln voranstellen möchte.

Um überhaupt von einem Vergleich sprechen zu können, muss die Bedeutung und die Herkunft der Kyoto-Schule, deren wichtigster Vertreter wohl Nishida Kitarō ist, geklärt werden. Nach der „Öffnung Japans" 1868 wurde das japanische Denken mit dem westlichen bekannt gemacht. Japanische Philosophien begannen sich mit europäischem Gedankengut auseinanderzusetzen und Anregungen für ihre eigenen philosophischen Ideen zu finden. Die Begegnung mit dem Westen stellt eine wesentliche Bereicherung des japanischen philosophischen Lebens dar. Was hierbei aber auf keinen Fall übersehen werden darf, ist die Tatsache, dass diese Denker die westlichen Inspirationen nicht kritiklos und unkreativ übernahmen, sondern sie dazu verwendeten ihre eigenen Ansichten darauf aufzubauen. Die Philosophie der Kyoto-Schule ist somit keinesfalls eine bloße Nachahmung westlichen Denkens sondern vielmehr eine eigenständige Denkrichtung, die westliches und östliches Gedankengut in gut durchdachter Form kombiniert und an ihren kulturellen Hintergrund bindet[2].

Dabei muss erwähnt werden, dass ich eine genaue Darstellung der Geschichte der Kyoto-Schule sowie eine Nachzeichnung der japanischen Öffnung nicht ausführen werde, weil diese Themen in genügend Arbeiten zu japanischem Denken nachgelesen werden können. Was ich im Rahmen dieser Arbeit skizzieren möchte, sind die Sichtweisen der Denker Jaspers und Nishida, von denen sie im Hinblick auf Interkulturalität ausgehen. Der Begriff der Interkulturalität umfasst in unserer Zeit mannigfaltige Bereiche; worum es in der vorliegende Arbeit geht, ist das sich Überlappen der Denkweisen von zwei unterschiedlichen Kulturen, wobei gesagt werden muss, dass trotz Ähnlichkeit die Differenz nicht unter den Tisch gekehrt werden darf.

Im Weiteren werden der Zweck und das Ziel der Philosophie in beiden Denkausrichtungen besprochen. Beide gehen von verschiedenen Kontexten aus und zielen doch auf einen gemeinsamen Nenner, dem Praxisbezug, wie in diesen Kapiteln zu erörtern sein wird. Der Sinn des Philosophierens verläuft parallel in beiden Kulturen, doch sind es auch die Methoden? Das Prinzip der (reinen) Erfahrung ist zentral in Nishidas Denken.

> Erfahren bedeutet, das Tatsächliche als solches zu erkennen; ohne alles Mitwirken des Selbst nach Maßgabe des Tatsächlichen zu wissen. Rein beschreibt den Zustand einer wirklichen Erfahrung als solcher, der auch nicht eine Spur von Gedankenarbeit anhaftet[3].

---

2   Vgl. Hashi, Hisaki. Die Aktualität der Philosophie. Grundriss des Denkweges der Kyoto-Schule. Wien: Edition Doppelpunkt, 1999. S. 5
     Nishida, Kitarō. Über das Gute. Übers. und Einleitung Peter Pörtner. Frankfurt am Main: Insel Verlag, 1993. S.10-19
3   Ebd. S. 29

So schreibt Nishida Kitarō zu Beginn seiner Abhandlung „Über das Gute". Welchen Stellenwert die reine Erfahrung oder das tatsächliche Erleben in Jaspers' System innehat, wird es zu diskutieren gelten.
Die Methoden des Subjekt-Objekt-Aufspaltens sowie des indirekten Mitteilens als Wege zum Erkennen zu gelangen, sind Richtungen, die Jaspers als wesensnotwendig ansieht. Auch in diesem Zusammenhang wird eine Parallele zu Nishida aufscheinen, die in der Arbeit erörtert werden soll.

Im Anschluss möchte ich zu den Kernthemen meiner Arbeit kommen – der Beschäftigung mit dem Ich bzw. dem Selbst.
Wie bereits erwähnt spielt die Erfahrung, also das Erleben, eine zentrale Rolle in Nishidas Konzept der Erkenntnis. Diese Theorie soll hier näher betrachtet werden im Vergleich zu Jaspers' Zugängen. Dieser legte bereits in seiner ersten Abhandlung 1913 mit dem Titel „Allgemeine Psychopathologie" einen Entwurf seiner späteren philosophischen Gedanken dar. Jaspers nähert sich der menschlichen Seele mit einem phänomenologischen Grundzug; es gilt, sich rein dem zuzuwenden, „was wir in seinem wirklichen Dasein verstehen, erfassen, unterscheiden und beschreiben können[4]". Auch für den westlichen Denker ist die Erfahrung ein grundlegendes Prinzip zur Erkenntnis. Im Rahmen dieses Kapitels muss erörtert werden, wie die beiden Philosophen das Ich charakterisieren. Besonders interessant scheinen hierbei die Stellenwerte zu sein, die beide der Vernunft und dem Erleben zuordnen.

Im Folgenden möchte ich aufbauend auf das oben genannte Kapitel das Sein in seiner Steigerung zur Transzendenz beleuchten. Die Transzendenz oder das Umgreifende, wie Jaspers es nennt, geht einher mit einer Existenzerhellung. Der Augenblick – das Hier und Jetzt – wird wesentlich bei Nishida und Jaspers als „Hilfsmittel" um zum Kern seiner Existenz zu kommen.
Jaspers unterscheidet vier Arten von Seinsweisen, die vom von der Transzendenz entferntesten Dasein aufsteigen zur Subjekt-Objekt-Aufspaltung in der Existenz. Es stellt sich die Frage, welchen Bezug Nishidas Selbst dazu hat, das durch Erfahrungen bereichert ständig erweitert wird. Welcher Seinsweise entspricht diese Konzeption wohl am ehesten?

Kommunikation ist ein wichtiger Punkt für beide Denker. Jaspers' Verständnis von Existenz setzt die zwischenmenschliche Kommunikation

---

[4] Jaspers, Karl. Allgemeine Psychopathologie. Für Studierende, Ärzte und Psychologen. Berlin: Verlag von Julius Springer, 1923. S. 36

voraus – wenngleich er sich in diesem Punkt widerspricht, wie in der Arbeit zu klären sein wird. Nur durch den Bezug zu einem anderen Ich ist der Mensch fähig seine Existenz zu ergreifen. Nishida Kitarō schrieb eine großartige Abhandlung über die Ich-Du-Beziehung, die ich an dieser Stelle Jaspers zur Seite stellen möchte.

> Dies, Mönche, ist die edle Wahrheit vom Leiden (dukkha): Geburt ist leidhaft, Alter ist leidhaft, Krankheit ist leidhaft, Tod ist leidhaft, Trauer, Jammern Schmerz, Gram und Verzweiflung sind leidhaft; mit Unliebem vereint, von Lieben getrennt sein ist leidhaft; Begehrtes nicht erlangen ist leidhaft [...][5].

Dass das Leben Leiden ist, wie das Zitat aus dem Mahavagga des Vinaya-pitaka, das die Grundregeln des Mönchtums darlegt, zeigt, ist wohl ein bekanntes buddhistisches Leitmodell. Interessant wird die Thematik allerdings, wenn man sie in das westliche Denken verfremdet und mit Karl Jaspers' Philosophie in Bezug setzt. Die sogenannten Grenzsituationen stellen leidvolle Situationen im Leben dar, die niemand umgehen kann. Leid ist also auch ein zentrales Motiv im Denken dieses Philosophen. Wie die beiden Denkrichtungen mit dem Leiden umgehen und welche Schlüsse sie daraus ziehen im Hinblick auf das Ich/das Selbst wird versucht in jenen Kaptiteln heraus zu greifen.

Abrunden möchte ich meine Arbeit mit einer abschließenden Auseinandersetzung mit dem Begriff des Nichts, der sowohl bei Nishida als auch bei Jaspers zu finden ist. Allerdings stehen die beiden Auffassungen einander differenziert gegenüber; zum einen steht das Nichts als das eigentliche Sein, zum anderen als Substanzverlust. Ob es dennoch Zusammenhänge zwischen diesen Theorien gibt, ist eine Beschäftigung im vorletzten Kapitel wert.

Um diese Arbeit aufzurollen, habe ich begonnen mich mit dem Problem der vergleichenden Philosophie auseinanderzusetzen. Das Heranziehen von komparativen Herangehensweisen stellte für mich den Anfangspunkt meiner Auseinandersetzung mit dem Thema dar um so weit wie möglich östliche Theorien für sich sprechen zu lassen und die japanische Philosophie nicht durch das europäische Referenzsystem begründen zu wollen, was allerdings ein schwieriges Vorhaben ist. Besonders zu beachten in diesem Zusammenhang sind Begriffe, die zwar in beiden Kulturen vorkommen, aber völlig verschiedene Bedeutungen haben können. Dafür ist

---

5 Schumann, Hans Wolfgang. Buddhismus. Stifter, Schulen und Systeme. München: Diederichs, 1976. S. 59-60. aus Mahavagga 1,6,19 des Vinaya-pitaka

es nötig diese Begriffe auf ihre Verbundenheit der landeseigenen Kultur zu untersuchen.

Es war mir ein Anliegen Karl Jaspers' Gedankengang in seiner Entwicklung zu verfolgen, was mich dazu veranlasst hat mich mit seinen Schriften in chronologischer Reihenfolge zu beschäftigen. Wie ich weiter oben bereits erwähnt habe, legt seine „Allgemeine Psychopathologie" wesentliche Tendenzen seiner philosophischen Grundzüge dar. Im Beschreiben der Krankheitszustände der Seele und den nötigen Therapiemaßnahmen stellt Jaspers sein Konzept der phänomenologischen Herangehensweise auf.

In seinen darauf folgenden Arbeiten erweitert er dieses System und entwickelt deutliche existentialistische Denkweisen. Zwischen der Beschäftigung mit Jaspers' Werken habe ich Schriften der Kyoto-Schule eingeschoben um diese beiden Denkrichtungen auf mich wirken zu lassen. Diese Gegenüberstellungen von östlichen und westlichen Schriften haben mir geholfen, die Unterschiede und Parallelen im Bezug auf mein Thema zügig zu erkennen. Die Erkenntnisse, die ich aus dieser Methode gewonnen habe, sollen in der vorliegenden Arbeit nun behandelt werden.

Ich habe darauf verzichtet, Lebensläufe der beiden Denker dezidiert in meine Beschäftigung zu verarbeiten. Eine Übersicht der Biographien findet sich im Anhang.

1. Kyoto-Schule und Jaspers - das Denken von der Kultur

> [...] der Zusammenhang zwischen Menschen besteht nicht wesentlich durch ihre zoologische Gestalt, sondern dadurch, daß sie sich verstehen können, daß sie alle Bewußtsein, Denken und Geist sind. Hier ist zwischen den Menschen eine innerste Verwandtschaft, während ein Abgrund gegenüber auch den ihnen nächsten Tieren besteht. Daher dürfen wir, daß Menschen zusammen gehören, und daß eine menschliche Solidarität besteht, nicht ableiten aus empirischen Untersuchungen, wenn diese auch Hinweise geben, und nicht widerlegen durch empirische Untersuchungen[6].

In der Abhandlung „Vom Ursprung und Ziel der Geschichte" legt Karl Jaspers sein Verständnis vom Beginn des Denkens in den verschiedenen Kulturen dar. Das vorangestellte Zitat gibt einen ersten Einblick in seinen Schluss von der Zusammengehörigkeit der Menschen und ihrer Denkweisen.

Jaspers geht von einer sogenannten Achsenzeit aus, die er zwischen 800 und 200 v. Chr. ansiedelt[7], in der sich außerordentliche (gedankliche) Leistungen quer durch die Kulturen mit gewissen übereinstimmenden Merkmalen entwickelten.

Was hier deutlich wird, ist die weltumfassende Anschauungsweise des Denkers. Besonders in seinem späteren Werk wird seine Beschäftigung mit Entstehen von Geschichte und den Ursprüngen des Denkens deutlich. Die Entstehung des Denkens entspringt einem durch die verschiedenen Kulturen gemeinsamen Ursprung. Auch wenn die Menschheit in einer „Mannigfaltigkeit von Rassen"[8] auftritt, scheint das den Menschen durch alle Verschiedenheit Zugrundeliegende durch – das Merkmal des Menschseins[9].

Aus Jaspers' Arbeiten zu dieser Thematik leuchtet ein, dass er zwar eine divergierende Weiterentwicklung des Denkens für wahrscheinlich hält – sowie auch die Tatsache, dass durchaus nicht jeder einzelne Mensch in die Achsenzeit einbezogen war[10] –, aber klar von einer gemeinsamen Quelle des Philosophierens ausgeht. Legt man diese Erkenntnis auf das Thema der vorliegenden Arbeit um, ergibt sich daraus ein interessanter Zugang zur vergleichenden Philosophie.

Auch wenn japanisches und westliches Denken in völlig verschiedenen Kontexten eingebettet sind, lassen sich die beiden vergleichen, weil sie

---

6   Jaspers, Karl. Vom Ursprung und Ziel der Geschichte. München: R. Piper & Co. Verlag, 1983. S. 66
7   Ebd. S. 19
8   Ebd. S. 65
9   Vgl. ebd. S. 66
10 Ebd. S. 38

laut Jaspers' These, von allgemein menschlichen Zweifeln und Infragestellungen durchdrungen werden müssten.

1.1. Japan im Kontext seiner Multikulturalität

Das bis dahin lediglich seit dem 6. Jahrhundert von chinesischer Kultur durchdrungene Japan sah sich 1543 erstmals mit westlichen, im Speziellen portugiesischen, Beeinflussungen konfrontiert. Als Kaufleute auf den japanischen Inseln landeten, war die Eindringung westlich christlichen Gedankenguts in die landeseigenen Denkweisen unvermeidbar[11]. Das Zusammentreffen mit westlichen Kaufleuten hatte für Japan zunächst positive Auswirkungen, indem der Außenhandel florierte und Japan hinsichtlich seiner Wirtschaft enorm stärkte. Der Handel mit den westlichen Kulturen trug allerdings zu einer Art Missionierungseifer von Seiten christlicher Priester bei, der Überhand zu nehmen schien und die landeseigenen traditionellen Glaubensformen zu verdrängen drohte. Intrigen von den Westmächten im Interesse einer Kolonialisierung und die Missionierungen der Priester führten schließlich zur Abschließung des Landes (Sakoku), bei der es weder Japanern erlaubt war das Land zu verlassen noch Ausländern es zu betreten[12].

Das Interessante an dieser Abschließung des Landes ist die Tatsache, dass Japan in der Zeit von etwa 1600 bis 1868 durch keinerlei Beeinflussungen und Denkanregungen in ihrer komplexen Mischstruktur gestört war. Das „traditionseigene" Denken konnte sich in Ruhe weiterentwickeln. Der Begriff „traditionseigen" ist bewusst unter Anführungszeichen gesetzt; es lässt sich aus bestimmtem Grund nicht unbedingt von eigenem, typisch japanischem Gedankengut sprechen.

Wie bereits erwähnt erfolgte im 6. Jahrhundert eine langsame Übernahme chinesischen Denkens in das Japanische. Eine solche komplexe Mischung fremder und eigener Grundlagen ist kein Einzelfall. Wie sehr das japanische Denken anderen Kulturen gegenüber aufgeschlossen ist, soll folgendes Zitat von Torataro Shimomura, einem Denker der Kyoto-Schule, belegen:

> Als das wohl bedeutendste Charakteristikum innerhalb der geschichtlichen Tatsachen, ist die Art und Weise anzuführen, wie in Japan fremde Kulturen aufgenom-

---

11 Vgl. Elberfeld, Rolf. Kitarō Nishida und die Frage nach der Interkulturaliät. Diss. Philosophische Fakultät III der Julius-Maximilians -Universität zu Würzburg, 1994, S. 21.
12 Vgl. Inoue, Kiyoshi. Geschichte Japans. Übers. Manfred Hubricht. Frankfurt/New York: Campus Verlag, 1993. S. 211-224

men werden. Völlig fremde Kulturen und Gedanken werden oft ohne kritische Auseinandersetzung übernommen, aber gleichzeitig bleibt das Überlieferte erhalten. So koexistieren Dinge von unterschiedlichem Charakter miteinander und leben gemischt zusammen. Genau dies ist der auffällige Stil, der in der ganzen japanischen Kulturgeschichte zu finden ist[13].

Aus diesem Grund ist die japanische Kultur durchdrungen von shintoistischen, buddhistischen, konfuzianistischen, taoistischen und christlichen Lehren. Wesentlich ist es hierbei zu sehen, dass das japanischen Denken dem Austausch von Kulturen, solange es ihre eigenen Denkweisen nicht zerstört, aufgeschlossen ist, ja vielmehr: Anregungen durch fremdes Gedankengut stellen eine Bereicherung dar.

Daher ist es wohl kaum verwunderlich, dass in der japanischen Philosophie Parallelen zum westlichen Denken auftreten; zum einen ist die Aufnahmebereitschaft des Japanischen gegenüber fremden Inspirationen ausschlaggebend, zum anderen die weiter oben ausgeführte Jasperssche Theorie von Fragestellungen, die in allen Kulturen wesentlich zum Menschsein gehören.

Ein Zeitsprung weiter führt uns zur Entstehung der Kyoto-Schule, die charakteristisch für oben genannte Theorien ist. Nishida Kitarō, 1870 in Unoke geboren[14], gilt als der Begründer der modernen japanischen Philosophie. Seitdem Japan seine Isolation 1868 aufgebrochen und sich dem Westen geöffnet hatte, erlebte das philosophische Denken einen regelrechten Aufschwung angeregt durch zahlreiche westliche Ideen, mit denen japanische Denker nun konfrontiert wurden. In diese Periode des kulturellen Austausches wurde Nishida hineingeboren. 1891 begann er westliche Philosophie an der Universität Tokyo zu studieren. Trotz seiner Beschäftigung mit diesem Gedankengut, brach er nie seine Wurzeln zur japanischen Tradition ab. Ab 1879 versuchte er seine philosophischen Gedanken durch grundlegend östliche Methoden zu unterstützen bzw. zu erleben. Die Zen-Übungen, die er mithilfe eines Meisters praktizierte, ließen ihn allerdings enttäuscht zurück [15].

---

13 Shimomura, Torataro. Logik und Mentalität der Japaner. In: Ryosuke Ohashi (Hg.). Die Philosophie der Kyoto- Schule. München, 1990. S.369f. zitiert nach: Elberfeld, Rolf. Kitarō Nishida und die Frage nach der Interkulturalität. Diss. Philosophische Fakultät III der Julius-Maximilians -Universität zu Würzburg, 1994. S. 20

14 Vgl. Elberfeld, Rolf. Kitarō Nishida. Moderne japanische Philosophie und die Frage nach der Interkulturalität. Amsterdam - Atlanta: Editions Rodopi B.V., 1999. S. 288

15 Vgl. Nishida, Kitarō. Logik des Ortes. Der Anfang der modernen Philosophie in Japan. Übers. und Hg. Rolf Elberfeld. Darmstadt: Wissenschaftliche Buchgesellschaft, 1999. S. 1. Randbemerkung: Vgl. Hashi, Hisaki. Die Aktualität der Philo-

Seine Professur an der Universität Kyoto führte zur Gründung der philosophischen Tradition der Kyoto-Schule. Sein erstes großes Werk „Über das Gute" brachte eine Auseinandersetzung mit „reiner Philosophie", das heißt mit einer Art Metaphysik ins Rollen[16]. Das sich daraus entwickelnde Denken „ist aus einer Konfrontation der Kulturen entstanden: dem bodenständigen Denken in der Geistesgeschichte Ostasiens und der seit der [japanischen] Moderne überlieferten Philosophiegeschichte des Abendlandes. [...] Der Vielfältigkeit seiner [Nishidas] Philosophie liegt ein Grundmodus der Zen-Denkweise zugrunde[17]".

1.2. Jaspers' Entwurf der buddhistischen Erkenntnis

Grob und laienhaft ausgedrückt kreisen Jaspers' Denken und die philosophischen Ansätze der Kyoto-Schule in vielen essentiellen Punkten um ähnliche Problematiken, wenn auch der Zugang sowie der kulturelle und historische Hintergrund ein völlig verschiedener ist. Dieses Thema wurde bereits in den vorangehenden Kapiteln in groben Zügen angeschnitten – Jaspers' Vorstellungen von Historizität und Kulturalität sowie die Aufnahmebereitschaft und das dennoch eigenständige Gedankengut erarbeitende Wesen der japanischen Kultur.

Eine Frage in diesem Kontext soll noch aufgeworfen und ansatzweise gelöst werden: Was hat Jaspers mit japanischen, religiösen Vorstellungen zu tun?

Zu diesem Thema liegt ein Werk von Jaspers vor mit dem Titel „Die maßgebenden Menschen. Sokrates, Buddha, Konfuzius, Jesus". Dieses Buch stellt die erste Hauptgruppe des Gesamtwerks „Die großen Philosophen" dar, dessen erster Band 1957 erschienen ist.
Interessant zu sehen ist Jaspers' Gegenüberstellung dieser vier außergewöhnlichen Menschen und die Parallelen, die Jaspers zwischen ihnen zieht. Obwohl diese vier Typen aus unterschiedlichen Regionen und Zeiten stammen und ihre Vorstellungen unabhängig voneinander entwickelt haben, fasst der Autor sie unter wesentlichen Aspekten zusammen und gibt hiermit erneut ein Beispiel für sein Denken von universellen Proble-

---

sophie. Grundriss des Denkweges der Kyoto - Schule. Wien: Edition Doppelpunkt, 1999, S. 7.: Obwohl Nishida sich nie an die Position des Zen absolut angeschlossen hatte, erhielt er wertvolle Anregungen daraus für sein philosophisches Denken.

16   Vgl. Nishida, Kitarô. Über das Gute. Übers. und Einleitung Peter Pörtner. Frankfurt am Main: Insel Verlag, 1993. S. 9-10.

17   Hashi, Hisaki. 1999. S. 5

matiken[18]. Wesentliche Ähnlichkeiten der vier Menschen sind ihre Wirkungen, die von ihrer Lebenszeit bis in unsere Epoche Bestand haben, und ihre Beeinflussung des regionalen Denkens. Sokrates, Buddha, Konfuzius und Jesus werden von Jaspers nur zögerlich als Philosophen bezeichnet, fraglos ist allerdings, dass sie philosophisches Denken angeregt haben[19].

Im Abschnitt über Buddha stellt Jaspers dessen Biographie dar, die gefolgt wird von dessen Wirken und Rezeption. Auffällig ist, dass Jaspers hin und wieder Begriffe verwendet, die aus seinem eigenen Denken stammen. Als Beispiel sei der Gebrauch des Wortes „Umgreifendes" genannt, das Jaspers verwendet im Kontext des Erkennens von Wahrheit. In seiner eigenen Philosophie spielt der Begriff des „Umgreifenden" eine zentrale Rolle; hierin lässt sich ein durchaus interessanter Jaspersscher Zug sehen, bei dem er ähnliche Vorstellungen mit von ihm selbst geprägten Begriffen versieht[20].

Diese begriffliche Übereinstimmung sei nur als Beispiel genannt. Wesentlicher sind allerdings die inhaltlichen Parallelen, die Jaspers und Buddha verbinden; hierbei darf nicht vergessen werden, dass Jaspers selbst der Autor der buddhistischen Darstellung ist und von seinen eigenen philosophischen Gedanken geprägt war, die durchaus dem buddhistischen nahe stehen.

> Die Welt wird nicht anders, aber in ihr ist das Heil möglich für den Wissenden. Er geht, befreit von weiteren Wiedergeburten, ein in das Nirvana. Einsam hat Buddha dieses Wissen gewonnen. „Ich halt mit keinem Menschen Freundschaft". Er weiß seine Befreiung, „genug, ich künd es anderen nicht, die in Liebe, in Haß leben, ihnen verbirgt die Lehre sich[21].

Lässt man den regional eigenen Kontext des buddhistischen Heils durch Eingang in das Nirvana beiseite, so bleibt die Erkenntnis einer Wahrheit, die sich in Einsamkeit vollzieht. Als Jasperskundiger erlebt man hierbei ein Déjà-vu. Für Jaspers selbst ist das Moment der Einsamkeit ein wesentlicher Zug seiner Philosophie. Buddha erlebt seine Erkenntnis in Abgeschiedenheit von seiner Umwelt und in Erfahrung seiner eigenen Person

---

18   Vgl. Hashi, Hisaki. 1999. S. 8
19   Vgl. Jaspers, Karl. Die maßgebenden Menschen. Sokrates, Buddha, Konfuzius, Jesus. München: Piper Verlag GmbH, 1997. S. 7
20   Vgl. Jaspers, Karl. 1997. S. 7 und Jaspers, Karl. Existenzphilosophie. Drei Vorlesungen gehalten am Freien Deutschen Hochstift. Berlin und Leipzig: Walter de Gruyter & Co., 1938. S. 13 – 25
21   Jaspers, Karl. 1938. S. 35

und seiner Geschichtlichkeit. An dieser Stelle kann man einen Absatz über eine ähnliche Erkenntnisweise bei Jaspers zu Rate ziehen.

> Kommunikation findet jeweils zwischen Zweien statt, die sich verbinden, aber zwei bleiben müssen – die zueinander kommen aus der Einsamkeit und doch Einsamkeit nur kennen, weil sie in Kommunikation stehen. Ich kann nicht in Kommunikation treten, ohne einsam zu sein... Ich muß die Einsamkeit wollen, wenn ich selbst aus eigenem Ursprung zu sein und darum in tiefste Kommunikation zu treten wage[22].

Auch Jaspers sieht den Rückzug in die Einsamkeit als unabdingliche Voraussetzung zur Erkenntnisfähigkeit. In Abgeschiedenheit von anderen Subjekten ist es dem Menschen möglich, sein Ich ohne Ablenkung durch Subjekte oder Objekte zu reflektieren und dabei einen Sprung in eine höhere Stufe des Seinsbewusstseins zu vollziehen[23].

„Selbstsein ist, was erst aus einem Sein gegen die Welt in die Welt eintritt[24]". Im Absatz „Gegen die Welt oder in die Welt" im Text „Die geistige Situation der Zeit" spricht Jaspers deutlich die beiden Schritte an, die es zu vollziehen gilt, will man zu seinem Selbstsein gelangen. Dafür ist es unumgänglich sich zuerst in die Einsamkeit zurückzuziehen und die Welt in Frage zu stellen. Der zweite Weg führt zurück in die Welt und lehrt den aus der Einsamkeit Kehrenden, dass kein philosophierendes Selbstsein gibt ohne Kritik, Skepsis und Fragen an sich und seine Umwelt.

Jaspers spricht im Zusammenhang mit der Erkenntnisfähigkeit nicht nur von der Einsamkeit sondern im Gegenteil dazu auch von der zwischenmenschlichen Kommunikation, wie das obige Zitat ausführt. Abgeschiedenheit ist die Grundlage der Erkenntnis, die sich allerdings nur zu ihrer wahren Natur entfalten kann, wenn sie sich im Austausch befindet. Buddha hingegen scheint Kommunikation auszuschließen. Dass auch er nicht in dieser Einsamkeit verharren kann, wird durch seine Verkündigungen und Predigten offensichtlich. Auch Buddha tritt in Kontakt mit anderen Menschen und legt seine gewonnene Erkenntnis in einer Kommunikation dar. Hier spielt natürlich eine andere Motivation eine Rolle als bei Jaspers. Predigt und Verkündigung stehen für einen religiösen Impetus, anders als bei Jaspers, der Kommunikation als zentrales Element der Seinsvergewisserung auffasst. Trotzdem soll hier die Tatsache festgehalten werden, dass Jaspers sowie Buddha die Einsamkeit verlassen haben und ihre Er-

---

22 Salamun, Kurt. Karl Jaspers. München: C. H. Beck'sche Verlagsbuchhandlung, 1985. S. 77- 78
23 Vgl. ebd. S. 67
24 Jaspers, Karl. Die geistige Situation der Zeit. Berlin: Walter de Gruyter & Co., 1965. S. 181

kenntnisse in welcher Art auch immer mit anderen Menschen ausgetauscht haben.
Jaspers sieht Buddhas Wissen in einem anderen Licht als das europäische. Erkenntnis und Wissen vollziehen sich durch Erfahrungen[25]. An dieser Stelle lässt es sich stoppen und Jaspers zentrale Rolle der Erfahrung seit seinen psychologischen Schriften bis hin zu seinen philosophischen darlegen. Eine solche Reflexion soll an dieser Stelle aber nicht erfolgen. Buddha und Jaspers im Bezug auf Leiden, im Bezug auf das Ich – all das wären Themen, die sich verbinden ließen. Weitere Ausführungen werden jedoch unterlassen, weil sie in späteren Kapiteln unter viel interessanteren Aspekten im Bezug auf Jaspers und Kyoto-Schule wieder auftauchen werden und an jener Stelle einer genauen Reflexion unterzogen werden.
Der vorangegangene Abriss einer Untersuchung von Jaspers und seiner selbst verfassten Schrift über Buddha sollte lediglich dem Zweck dienen, ein weiteres Mal die kulturellen Eigenheiten zu transzendieren und daraus folgend auf die universellen Gedankenstellungen hinzuweisen.

---

[25] Jaspers, Karl. 1997. S. 38

2. Schöpfung aus der eigenen Existenz

Einen Text im Allgemeinen auf die Persönlichkeit und die Lebensumstände seines Autors zurückzuführen, ist eine äußerst umstrittene Methode. Hält man sich strikt an die Biographie des Autors, so läuft der Leser Gefahr wesentliche Details bloß als „hervorbrechenden Lebensmoment[26]" des jeweiligen Schriftstellers zu deuten. Die Lebensumstände eines Autors verführen den Leser leicht dazu, den Text als bloße Widerspiegelung dieses Lebens aufzufassen und so seine Aufmerksamkeit vom eigentlichen Inhalt des Textes stets auf den Schöpfer zu lenken.
Es mag paradox erscheinen, wenn die vorliegende Arbeit nun einen Versuch unternimmt, dennoch wesentliche Züge der Erkenntnisse der beiden Philosophen Nishida Kitarō und Karl Jaspers in ihren Lebensumständen aufzufinden. Doch gerade bei einer Untersuchung, die sich zum Großteil um die Existenz dreht und den Bezug zum praktischen Leben als unerlässlich begreift, erscheint ein derartiger Analyseversuch eine notwendige Methode zu sein. Gerade in der Philosophie, die hier als kreativer Akt begriffen wird, – denn was bedeutet „Kreativität" denn Anderes als das Kreieren, das Erschaffen von etwas Neuem, das nicht mechanisch vor sich geht, sondern auf das Können und das Vermögen des Schöpfers abzielt – ist der Rückgriff auf den Autor ein wesentlicher Schritt hin zum besseren Verständnis von dessen Philosophie, die ja teilweise aus dem Leben und der Erfahrung des Autors „kreiert" werden muss.

Im Hinblick auf das zentrale Element der Existenz wird im Folgenden nun versucht, herauszulösen, auf welche Art und Weise die beiden Denker ihre Lebenserfahrungen in ihre Philosophie eingeflochten haben.

2. 1. Zenpraxis und Wissenschaft

Das seiende Selbst bzw. die Existenz bleibt nicht an einem bestimmten Ort oder Zustand verhaftet. Es fixiert keinen Punkt seiner Wahrnehmung sondern wandelt sich angereichert durch neue Erfahrungen und Erlebnisse von einem Ich zu einem anderen ohne seine Identität dabei zu ver-

---

26   Vgl. Schleiermacher, Friedrich Daniel Ernst. Hermeneutik. Nach den Handschriften neu herausgegeben und eingeleitet von H. Kimmerle. Heidelberg, 1959. S.123, Anm.4. zitiert nach: Szondi, Peter. Schleiermachers Hermeneutik heute. In: ders. Schriften II. Jean Bollack (Hg.). Frankfurt am Main: suhrkamp taschenbuch wissenschaft 220, 1991. S. 106- 130. Hervorbrechender Lebensmoment: „Rede und Schrift aufgefaßt als hervorbrechender Lebensmoment und zugleich als Tat, also nicht bloß als Dokument, sondern als aktive, aktuelle Äußerung des Lebens (ebd. S. 110)".

lieren. Dass das Augenmerk auf diesen Wandel alles Seins gerichtet ist, liegt dem Buddhismus zugrunde, der das Fließen und Verändern des Lebens betont. Eine dieser Tradition entsprechende Rolle spielt das ständige Verändern der menschlichen Existenz bei gleich bleibender Identität bei Nishida Kitarō.

Obwohl das Interesse am konkreten Selbst ein wesentliches, buddhistisches Phänomen darstellt, erweckt Nishidas Biographie beim aufmerksamen Forschen den Eindruck eines teilweisen Wiederfindens seines Lebens in seiner Philosophie. Nishidas eigenes Leben war bestimmt durch gravierende Veränderungen und Grenzerfahrungen, die den Kern der Existenz eines Individuums zutiefst erschüttern. Es scheint, als ob sein philosophisches Gedankengut durch diese Wandlungen gereift ist und an Nishidas konkretem Selbst nachvollziehbar ist.

Nishida entnahm Grundlagen für seine philosophischen Arbeiten wie bereits gesagt aus der buddhistischen Tradition sowie aus dem westlichen Gedankengut. Seine Hauptthese der reinen Erfahrung wurde inspiriert durch die Lektüre von William James' „pure experience".

> I am neither a psychologist nor a sociologist but an inquirer into life.
> Zen is music, Zen is art, Zen is physical exercise. There is nothing else that I seek for the consolation of my spirit. Daily life is no different from sekishu, the "sound of one hand." If I can be pure and candid like a child, there is no greater happiness on earth.
> Non multa sed multum[27].

Die zitierten Zeilen, die sich in seinem seit 1897 geführten Tagebuch finden, geben einen ersten Einblick in Nishidas Verständnis von Zenpraxis. Seine Beschäftigung mit Zen und Zazen-Übungen lieferte eine wesentliche Vertiefung und Konkretisierung seiner philosophischen Grundzüge, war allerdings bei weitem nicht dermaßen harmonisch wie das Zitat vermuten lässt.

Nishida Kitarō begann sich seit 1896 Zazen-Praktiken zu unterziehen auf Anraten von seinem Kollegen und Freund Suzuki Daisetz und wohl auch als Methode zur Auffüllung seiner Energiekapazität, weil er seinen eigenen Worten zufolge nach der Geburt seiner ersten Tochter Yayoi eine Art „Energieverlust" erlitten hatte[28]. Welche Erfolge die Zenpraxis für Nishida brachte beziehungsweise inwiefern sie seine philosophischen Thesen er-

---

27 Nishida, Kitarō. Gesamtwerk. Tagebuch. 17:148. zitiert nach: Yusa, Michiko. Zen & Philosophy. An intellectual biography of Nishida Kitarō. Honolulu: University of Hawai'i Press, 2002. S. 79
28 Vgl. Yusa, Michiko. Zen & Philosophy. An intellectual biography of Nishida Kitarō. Honolulu: University of Hawai'i Press, 2002. S. 48 u. 49

weiterte, ist umstritten. Einige Quellen sehen Nishida als von der Zen-Praxis in der rein klösterlichen Art Enttäuschten, der seine Übungen ohne wesentliche Fortschritte beendete. Widmet man sich jedoch Auszügen aus seinem Tagebuch, so wird man wohl kaum diese Ansicht teilen. Wesentlich ist, dass Nishida unter anderen sich auf die Konkretisierung von Thomas Hill Greens Ontologie sowie über die „pure experience" von William James, wie später noch ausgeführt wird, besann. Dies wird bereits in der ersten Zeile des oben genannten Zitats deutlich. „I am neither a psychologist, nor a sociologist but an inquirer into life". Was soll diese Verneinung des Psychologen, des Soziologen, somit des Wissenschaftlers im Allgemeinen gegenüber des „Erforschers oder Erkunders des Lebens" bedeuten? Als Antwort lässt sich nur Nishidas zentrales Anliegen nennen, Philosophie und Zen-Buddhismus zu vereinen[29].

Als Dozent für Psychologie, Ethik und Deutsch an der Höheren Mittelschule in Kanazawa und späterer Professor für Philosophiegeschichte und Studien zur Religion an der Universität Kyoto war Nishida sicherlich ein kopflastiger und intellektzentrierter Mensch. Indem er bekräftigt, dass er sich nicht primär als Psychologen bzw. allgemein als Wissenschaftler sieht, hat er durch seine Zazen-Übungen wohl die Konjunktion von Intellekt und konkreter Körpererfahrung am eigenen Leib vollzogen. Diese Erfahrung war mit Sicherheit zentral für Nishidas Verständnis von Philosophie, weil er in seinen Übungen das „pure Leben bzw. die pure Existenz" kennen lernen und mit seinen theoretischen, philosophischen Ansätzen verbinden und vertiefen konnte.

Nishida stand jedoch nicht immer in einem ausgeglichenen Verhältnis zu seiner Zenpraxis. Obwohl er seine Philosophie um der Philosophie Willen betreiben wollte, war er stets hin und her gerissen zwischen seinen Studien und seinen Zazen-Übungen auf der einen Seiten und seiner wachsenden Berühmtheit auf der anderen Seite. Anstatt in seinen Meditationen von seinen Besessenheiten abzulassen und seinen Geist von aller Verhaftung zu lösen, wurde er häufig von seiner ruhelosen Suche nach philosophischen Wahrheiten gestört.

> Every day my mind is in disarray, and I repent. Don't seek again. Don't seek fame. Don't seek academic pursuits. Don't seek to satisfy the desires of the senses. Simply be diligent in the pursuit of the Way[30].

---

29 Vgl. Yusa, Michiko. 2002. S. Introduction xvii
30 Nishida, Kitarō. Gesamtwerk. Tagebuch. 17:44. zitiert nach: Yusa, Michiko. 2002. S. 58

It has been several years since I began Zen practice. For each step forward, I make one step backward. I have gotten nowhere. I am terribly ashamed of myself[31].

Dass die Beschäftigung mit dem konkreten Selbst und dem Kern des Ich ein zentrales Thema des (Zen-) Buddhismus darstellt, wurde im Rahmen dieser Arbeit bereits an einigen Stellen angemerkt. Am speziellen Fall Nishida Kitarōs lassen sich darüber hinaus anhand seiner Lebensstationen wesentliche Hinweise auf seine Beschäftigung mit metaphysischen Denkweisen erkennen.

Nishida und einige seiner Freunde verließen die Mittelschule verfrüht, weil sie sich weigerten sich vor dem „imperial rescript on education" zu verbeugen, das heißt sich der nationalistischen und imperialistischen Doktrin unterzuordnen. Ohne Schulabschluss erwies sich die Aufnahme an einer Universität als schwierig. Nishida musste sich als *senka,* als Student mit eingeschränktem Status an der Imperial University, *Teikoku Daigaku* (die heutige Universität Tokyo), einschreiben um dort studieren zu dürfen. Da er schon in seiner Schulzeit Probleme mit seinen Mitschülern hatte, die ihn für arrogant und eingebildet hielten, weil er aus einer gebildeten Familie stammte, musste er diese Zuweisung zu einem niederen Status an der Universität als äußerst diskriminierend erlebt haben. Als *senka* war es ihm unter anderem nicht erlaubt in der Haupthalle der Bibliothek zu lesen, was dazu führte, dass er selten in Kontakt mit seinen Mitstudenten kam. Der „Vorteil" an seiner Situation an der Universität lag wohl tatsächlich in seinem Rückzug aus der Außenwelt und in seiner damit verbundenen Beschäftigung mit seinem Innenleben[32]. An dieser Stelle halten wir kurz inne und schlagen eine Brücke zurück zum Kapitel 1.2., Seite 12, der vorliegenden Abhandlung. Die Parallele zwischen den beiden Stellen liegt an den Begriffen des Rückzugs, der Einsamkeit und der Abgeschiedenheit. Wie im genannten Kapitel dargestellt sehen Jaspers sowie der Buddhismus an sich Abgeschiedenheit als primäre Quelle der Erkenntnis. Nishidas Rückzug auf seine Innenwelt, die aus seiner Einsamkeit resultiert, erscheint als das konkrete Beispiel der Jaspersschen und buddhistischen Thesen. Ein Denker zieht sich in die Abgeschiedenheit zurück und ist nur dort fähig seine Thesen ohne Ablenkung anderer Subjekte zu entwickeln. Erst nach Reifung des Gedankenguts tritt der Philosoph aus seiner Einsamkeit heraus, wie am Beispiel Nishidas, dem späteren Universitätsprofessor, deutlich wird.

---

31 Nishida, Kitarō. Gesamtwerk. Tagebuch. 17:44. zitiert nach: Yusa, Michiko. 2002. 17:59. zitiert nach: ebd. S. 66
32 Yusa, Michiko. 2002. S. 28-34

2.2. Extremsituationen

> [...] I hid myself in a place where nobody could see me and shed tears alone. Even within my childish heart, I wished from the bottom of my heart that if my death could bring her back to life, I would die in her place[33].

Am 28. November 1883, als Dreizehnjähriger, kam Nishida zum ersten Mal mit der Situation des Todes in Berührung. Seine Schwester Nao sowie er selbst erkrankten an Typhus. Während er die Krankheit überwand, erholte Nao sich nicht und starb. Der Tod dieses engen Familienmitglieds ließ Nishida erschüttert zurück.

Das Erwähnenswerte an den Erfahrungen Nishidas, die er angesichts des Todes von Nahestehenden miterlebte, sind die Ähnlichkeiten zu Karl Jaspers' Ideen, die sofort ins Auge fallen.

Als weiteres Beispiel hinsichtlich der Erfahrung des Todes sei das frühe Versterben seiner Tochter Yūko genannt:

> I felt as if a bucketful of cold water was poured on my constantly busied heart, which had been preoccupied with gaining fame and profit, and I felt a certain sense of cool purity. I also felt in the deep recesses of my heart that a clear, warm light – like that of an autumn day – shone forth, and a genuine, universal love for everyone sprang up within me. [...] We need the problem of death so that we can grapple with life. Before the naked fact of death, life is but a bubble. Only by solving the problem of death can we fully realize the significance of life. [...] But I am reminded thereby that I, who am grieving over the death of Yūko, will someday die[34].

Es ist erstaunlich auf welche Art und mit Hilfe welcher Ausdrücke Nishida sein inneres Erleben über den Verlust seiner Tochter beschreibt. Neben all seiner Trauer erfährt er dennoch ein universales Gefühl der puren Existenz, das ihn scheinbar aus seinem Verhaften an materiellen Elementen wie Berühmtheit rüttelt und ihn davon reinigt. Karl Jaspers würde eine solche Erfahrung wohl als Extremsituation bezeichnen, in der der Mensch auf den wesentlichen Kern seines Ichs reduziert wird und sich so ohne jede Referenz zu Objekten der Außenwelt seiner Möglichkeiten bewusst wird. Jaspers findet ähnliche Worte wie Nishida um sein Verständnis dieser Extremsituationen oder Grenzerfahrungen wie er sich noch nennt zu auszudrücken.

„Die Grenzsituationen sind Situationen im menschlichen Leben, in denen alle gängigen und eingeübten Verfahren zur Veränderung von Situationen

---

33   Nishida, Kitarō. Gesamtwerk. Tagebuch. 13:170. zitiert nach: Yusa, Michiko. 2002. S. 12
34   Nishida, Kitarō. Gesamtwerk. Kokubungakushi kōwa no jo. 1:414 – 20. zitiert nach: Yusa, Michiko. 2002. S. 94

versagen"[35]. „Die Souveränität und Verhaltenssicherheit schwinden, sobald Situationen als Grenzsituationen erlebt werden. Angesichts von Tod, Schuld, Leiden usw. versagen das Weltorientierungswissen und alle rationalen Problemlösungsverfahren"[36]. Jaspers weist darauf hin, dass der Mensch sich im Scheitern den Möglichkeiten seiner Existenz bewusst wird und auf in eine höhere Seinsstufe „springt", wie später noch auszuführen sein wird[37].

Das Interesse an der Biographie Nishida Kitarōs im Zusammenhang zu seiner Philosophie gesehen, sind die vielen Bezüge, die sich zwischen seinen Lebensumständen und seinen Thesen herstellen lassen. Es scheint, als wäre der Denker selbst ein großartiges Beispiel zur Konkretisierung seiner eigenen philosophischen Theorien, obwohl hier natürlich deutlich gesagt werden muss, dass Nishidas Gedankensysteme bei weitem vielschichtiger und tiefgreifender sind als bloße Widerspiegelung seines Lebens. Dies sollte auch nur ein Schritt sein sich der Person Nishida zu nähern und ihn im Kontext seiner Philosophie zu umreißen um einen Vorgeschmack auf die Dimensionen seines Denkens zu geben.

---

35 Salamun, Kurt. 1985. S. 65
36 Ebd. 1985. S .67
37 Vgl. ebd. S. 67-74

3. Das Selbst am Untersuchungstisch

Der Begriff der Seele sowie die seelischen Erlebnisse stellen eine zentrale Rolle für die Jasperssche Philosophie dar, besonders zu Beginn seiner Forschungen. Als Psychiater hatte er es mit den Erscheinungen des kranken Seelenlebens zu tun, die es mit Hilfe der phänomenologischen Methode zu veranschaulichen galt. Es hieß also sich rein dem zuzuwenden, „was wir in seinem wirklichen Dasein verstehen, erfassen, unterscheiden und beschreiben können"[38].
Die Art und Weise, in der die Patienten, die Subjekte also, sich auf einen Gegenstand außerhalb ihrer selbst beziehen und wie sie dazu Stellung nehmen, führte Jaspers zu der unvermeidlichen Frage der Beziehung von Subjekt und Objekt zueinander. Die „Lösung" dieses Themas ähnelt auf verblüffende Weise dem Philosophen auf der anderen Seite der Erdkugel, Nishida Kitarō. Jener, der in seiner Denkweise zu einem großen Teil ebenfalls auf psychologischen Konzepten fußt, baut auf dieser Subjekt – Objekt – Beziehung seine Theorie des Selbst – bzw. Ichbewusstseins auf. Das Ich, das Selbst oder auch die Seele soll das zentrale Thema dieses Kapitels sein. Der Untersuchung der Existenz wird die Problematik des seelischen Erlebens vorangestellt um das Ich, das Zentrum der Existenz, zu umreißen. Dass bei beiden Denkern, Nishida sowie Jaspers, die Erfahrung und das konkrete Erleben eine wesentliche Rolle der Philosophie einnimmt, ja sogar die Basis des Denkens bildet, ist bereits an verschiedenen Stellen gesagt worden. Auf welche Weise geschieht dies aber nun? Was passiert mit dem Selbst im Augenblick der konkreten Erfahrung? Dies sind zentrale Fragen, die im Laufe des Kapitels mit Hilfe beider Philosophen geklärt werden sollen.

3.1. Gegenstands- und Ichbewusstsein

> „Gegenstand" im weitesten Sinne nennen wir alles, was uns gegenübersteht, alles, was wir mit dem inneren, geistigen Auge oder mit den äußeren Augen der Sinnesorgane vor uns haben, erfassen, denken, anerkennen, alles, auf das wir als auf ein Gegenüberstehendes innerlich gerichtet sein können, mag dies nun wirklich oder unwirklich, anschaulich oder abstrakt, deutlich oder undeutlich sein[39].

Mit dieser präzisen Beschreibung zielt Karl Jaspers auf die Wahrnehmungen und Vorstellungen ab, in deren Form sich das Gegenstandsbewusstsein ausdrückt. Das Ich ist ständig von äußeren Begebenheiten verschiedenster Formen umgeben, mit denen es in Kontakt tritt und auf die es re-

---

38   Jaspers, Karl. 1923. S. 36
39   Ebd. S. 38

agiert und die es reflektiert. Während die Objekte in unserer Wahrnehmung leibhaftig vor uns stehen, sind die der Vorstellung in bildhaftem Zustand, abhängig vom Willen und beliebig hervorrufbar und veränderbar[40]. Das Ich reagiert also kurz gesagt auf Objekte seiner Umgebung. Dass dies nicht die einzige Bewusstseinstätigkeit sein kann, erscheint logisch, weil sich beispielsweise allein mit Hilfe des Gegenstandsbewusstseins kein Verständnis der Unveränderlichkeit des Ichs einstellen könnte. Jaspers setzt dem Gegenstandsbewusstsein ein Ichbewusstsein entgegen, das die Weise darstellt, „wie das Ich sich selbst bewußt ist[41]". Er spricht hier wohl eine der besonderen Leistungen des menschlichen Bewusstseins an, die es ermöglicht, sich selbst vom Äußeren und Anderen abzugrenzen und sich seiner stets unveränderlichen Identität zu versichern.

Indem nun das Ichbewusstsein deutlich von den äußeren Gegenständen abgegrenzt wird, haben wir es mit zwei verschiedenen Objekten des Bewusstseins zu tun. Das Ich, das sich seiner selbst stets gewahr ist, ist ständig auf ein Objekt seiner Umgebung gerichtet. Dieses Gerichtetsein auf einen Gegenstand ist die Grundstruktur des Subjekts. „Wenn immer wir denken, sind wir als Ich auf Gegenstände, als Subjekte auf Objekte, gerichtet. [...] Wie kommen wir zum Gegenstand? Dadurch, daß wir ihn meinen und ihn meinend mit ihm umgehen, hantierend mit greifbaren, denkend mit gedachten Gegenständen[42]". Die Beziehung des Ichs auf einen Gegenstand ist essentiell. Im Wahrnehmen eines Objektes, wird sich das Subjekt seiner Identität bewusst und ist daher in der Lage sich vom Gegenstand und vom Äußeren im Allgemeinen abzugrenzen. Ohne Objekt gäbe es kein Bewusstsein eines Subjekts.

Die Abgrenzung des Außen vom Innen des Subjekts – diese Trennung führt zur Spaltung der Phänomene, zur sogenannten Subjekt-Objekt-Spaltung[43].

Ohne Objekt gäbe es kein Bewusstsein eines Subjekts. Greifen wir diesen Satz erneut auf und führen ihn ein Stück weiter. Wenn nun Subjekt und Objekt in ein Äußeres und ein Inneres gespalten sind, aber dennoch zusammengehören, weil ja ohne die gegenseitige Referenz weder das eine noch das andere existieren könnte, muss etwas darüber hinaus bestehen, das Subjekt und Objekt zusammenhält. Jaspers nennt es das Umgrei-

---

40 Vgl. Jaspers, Karl. 1923. S. 49
41 Ebd. S. 72
42 Jaspers, Karl. Kleine Schule des philosophischen Denkens. München: Piper Verlag GmbH, 2004. S. 44-45
43 Vgl. Jaspers, Karl. Einführung in die Philosophie. Zwölf Radiovorträge. München: Piper Verlag GmbH, 2003. S. 25

fende, „das selbst weder Subjekt noch Objekt ist[44]". Warum das Umgreifende nicht gegenständlich gedacht werden kann, liegt daran, dass es bei einer solchen Betrachtung wiederum nichts anderes als ein Objekt wäre, das sich erneut in der Spaltung zum Subjekt befände.
Das Sein im Allgemeinen, das sowohl Subjekt als auch Objekt umfasst, kann sich demgemäß nicht in der Spaltung der beiden Phänomene befinden. Um zum wahren Sein, also zum Umfassenden zu gelangen, müssen wir uns der philosophischen Grundoperation bedienen[45]. Diese besteht im Bewusstwerden dessen, dass die Welt, wie wir sie wahrnehmen lediglich Erscheinung ist; „denn was für uns ist, das ist Erscheinung als Hellwerden des Umgreifenden in der Subjekt-Objekt-Spaltung[46]".

> Der Gegenstand ist ein bestimmtes Sein für das Ich. Das Umgreifende bleibt für mein Bewußtsein dunkel. Es wird hell nur durch die Gegenstände und um so heller, je bewußter und klarer die Gegenstände werden. Das Umgreifende wird nicht selbst zum Gegenstand, aber kommt in der Spaltung von Ich und Gegenstand zur Erscheinung. Es selbst bleibt Hintergrund, aus ihm grenzenlos in der Erscheinung sich erhellend, aber es bleibt immer das Umgreifende[47].

Anhand dieses Zitats wird ein anderer Aspekt der Ungegenständlichkeit des Umgreifenden deutlich. Nicht nur, dass es nicht objektiviert werden darf um nicht selbst in die Spaltung zu kommen, kann es einfach nur dunkel und ungedacht sein, weil es das Gesamte und Allgemeine darstellt, aus dem das Sein hervorgeht. Wäre es ein Gedachtes, so wäre es nichts weiter als ein konkretes Objekt der Vorstellung.

> Um jedoch sagen zu können, daß Gegenstand und Gegenstand sich aufeinander beziehen, ein System bilden und sich selbst erhalten, ist etwas anzunehmen, das dieses System selbst erhält, in sich zustande kommen läßt und in dem sich dieses System befindet[48].

Drehen wir den Erdball nach Osten auf der Suche nach der Subjekt-Objekt-Problematik, so stoßen wir rasch auf Nishidas Theorie der Beziehung zwischen Ich und Gegenstand. Ein kurzer Gedankensprung zurück zu Karl Jaspers These des Gerichtetseins des Subjekts auf Objekte und der damit hergestellte Bezug zwischen diesen, zeigt, dass sich im oben genannten Zitat von Nishida Kitarō eine ähnliche Ansicht wieder findet. Wie aber versucht nun der japanische Philosoph sich dem Problem des Ver-

---

44   Jaspers, Karl. 2004. S. 46
45   Vgl. ebd. S. 46
46   Ebd. S. 46
47   Jaspers, Karl. Einführung in die Philosophie. 2003. S. 25 – 26
48   Nishida, Kitarō. Ort. In: ders. 1999. S. 72

hältnisses zwischen Subjekt und Objekt zu nähern? Die damalige Erkenntnistheorie untersuchte lediglich den Gegenstand des Bewusstseins, was Nishida eindeutig zu ungenau und den Kern verfehlend betrachtete. Aus Nishidas Position gesehen fehlt hier eindeutig die Betrachtung und das Erkennens des Ichs, das das Erkennen der Objekte erst ermöglicht.[49]. Obwohl Jaspers und Nishida fast gleiche Konzepte zum Thema Subjekt-Objekt-Beziehung vorlegen, ist ein Unterschied hinsichtlich des Ausgangspunkts der Theorien zu erkennen. Karl Jaspers untersucht ausgehend von seinen Patienten das Verhältnis, das diese mit den Gegenständen ihrer Umwelt eingehen. Aus der Erkenntnis, dass Subjekt und Objekt einander trotz Verschiedenartigkeit bedingen, zieht Jaspers den Schluss eines Subjekt und Objekt umgreifenden Systems. Nishida bezieht sich auf die Erkenntnistheorie, die er als mangelhaft einstuft. Was ihm fehlt, ist die konkrete Betrachtung des Erkennens des Subjekts, an dessen Erarbeitung er herangeht und seine Beziehung bezüglich des Erkennens des Objekts untersucht.

Jaspers' Umgreifendes zeigt sich also niemals als es selbst sondern wird lediglich in der Subjekt-Objekt-Spaltung zur Erscheinung gebracht. Wie aber ist Nishidas Ort zu verstehen? Ein Gegenstand wird anders als bei Jaspers im Bewusstsein nicht vorgestellt sondern gespiegelt. „Denken wir Dinge und Sachverhalte, so muß es einen Ort geben, der sie spiegelt. [...]. Um irgendeines Dinges bewußt zu werden, muß es in einem Bewußtseinsfeld gespiegelt werden[50]". Somit haben wir es mit zwei Bewusstseinselementen zu tun, zum einen mit dem unveränderlichen Bewusstseinsfeld und zum anderen mit den veränderlichen Bewusstseinsphänomenen, die durch jenes verbunden werden. Der Ort nun, den Nishida auch das wahre Ich nennt, beinhaltet dieses Gegenüber von Bewusstseinsfeld bzw. Subjekt und Bewusstseinsphänomen oder Objekt. Dieser Ort nun macht nichts Anderes als sich selbst unendlich zu spiegeln. Er enthält das Sein in seiner Zweigespaltenheit von Subjekt und Objekt, aber er bleibt sich selbst gegenüber nichts. Im Spiegeln reflektiert er sich selbst, bleibt dabei aber eben ein unbeteiligter Spiegel. „Wenn wir den Ort auf diese Weise verstehen, dann ist der Akt die Beziehung, die zwischen gespiegeltem Gegenstand und spiegelndem Ort zum Vorschein kommt. [...] Im Hintergrund des gespiegelten Gegenstandes muß sich aber der ihn spiegelnde Spiegel befinden, d.h. ein Ort, der den Gegenstand zum Existieren bringt [...][51]".

---

49 Vgl. Nishida, Kitarō. Ort. In: ders. 1999. S. 72
50 Ebd. S. 74
51 Ebd. S. 78

3.2. Die Priorität der reinen Erfahrung

Das Prinzip der reinen Erfahrung stellt für Nishida Kitarō die Grundlage dar, auf die er seine gesamte Philosophie aufbauen möchte. Das vorige Kapitel der vorliegenden Arbeit stellt Karl Jaspers' Beziehung zwischen Subjekt und Objekt dar, die aus dem Umgreifenden hervorgeht und in der Erscheinung in einer Spaltung mündet. Im Moment des Umgreifenden existiert kein Unterschied zwischen Ich und Gegenstand; die Welt der Erscheinung wird hier also transzendiert. Diese Einheit von Subjekt und Objekt lässt sich in Nishidas Grundprinzip der reinen Erfahrung wieder erkennen. „In der unmittelbaren Erfahrung des eigenen Bewußtseinszustands gibt es noch kein Subjekt und kein Objekt[52]".

Was Jaspers im Moment der Transzendenz, im Überschreiten des Ichs in der erscheinenden Welt zeigt, wird von Nishida erstaunlicherweise als das Unmittelbarste und das Ursprünglichste angelegt. Im Stadium der reinen Erfahrung, die dem Menschen unmittelbar gegeben ist, erlebt das Ich ein Einssein von Subjekt und Objekt.
Was aber ist nun das Wesen dieser reinen Erfahrung? Um sich diesem Phänomen zu nähern, soll zuerst Nishida selbst zu Wort kommen.

> Erfahren bedeutet, das Tatsächliche als solches zu erkennen; ohne alles Mitwirken des Selbst nach Maßgabe des Tatsächlichen zu wissen. Rein beschreibt den Zustand einer wirklichen Erfahrung als solcher, der auch nicht eine Spur von Gedankenarbeit anhaftet. [...] Die Erkenntnis und ihr Gegenstand sind völlig eins[53].

Die reine Erfahrung ist somit der erste und ursprünglichste Zugang zum Objekt, bei dem die Reflexion und der Gedankenfluss noch ausgeschalten sind. Das Ich erlebt sich ähnlich wie im Jaspersschen Umgreifenden nicht mehr als getrennte Entitäten sondern als eine Einheit. „Es [das Individuum] empfindet sich nicht mehr als Subjekt und den Gegenstand der Erfahrung nicht mehr als Objekt. Es empfindet nur die absolute Einheit, in der es sich befindet, so wie z.B. ein Wassertropfen im Ozean auch nicht im Einzelnen von der großen Wassermasse zu unterscheiden ist[54]".
Obwohl Nishida in diesem Zusammenhang nicht das Beispiel der Meditation angibt sondern eines aus dem Bereich des Bergsteigens auswählt, lässt sich eine Verbindung zum Zen- Buddhismus herleiten. Dabei dreht sich alles um die reine Konzentration auf ein Moment ohne Gedanken-

---

52   Nishida, Kitarō. Über das Gute. 1993. S. 29
53   Ebd. S. 29
54   Demmel, Maximiliane. München: Martin Meidenbauer Verlagsbuchhandlung, 2004. S. 25

beimischung so wie es dem Prinzip der reinen Erfahrung entspricht[55]. An dieser Stelle soll deutlich herausgehoben werden, dass es sich bei Nishidas reiner Erfahrung um ein elementares Erlebnis handelt, das für philosophische Reflexionen weitgehend umfassender als die Meditation ist. Der springende Punkt an Nishidas Theorie liegt in der Alltagsgegenwart der reinen Erfahrung. Nicht bloß Gelehrte oder Künstler können diese Einheit von Subjekt und Objekt erleben. Sie ist ein zentrales Element des Alltags und kann ohne besondere Fähigkeiten erlebt werden, wobei sich ein markanter Unterschied zu Jaspers' Umgreifenden feststehen lässt, das nur durch spezielle Reflexionen und auch dann niemals ganz erlebt werden kann.

Die reine Erfahrung Nishidas fällt mit dem Bereich der Aufmerksamkeit zusammen. Reine Erfahrung kann nur Gegenwartsbewusstsein umfassen; das pure Erlebnis eines Moments schließt zeitliche Kontinuität aus. Denken wir an die Vergangenheit, so können wir einen vergangenen Zeitpunkt nie mehr direkt erleben. Er „ist eine mit Empfindungen und Wahrnehmungen der Gegenwart vermischte Erinnerung[56]".
Ist die reine Erfahrung nun auf eine einzige Komponente beschränkt? Im Gegenteil; Nishida betont, dass im Erfahren eines Objekts ohne Gedankenbeimischung, wie es sich beim Prinzip der reinen Erfahrung verhält, die Ziele, nach denen die Aufmerksamkeit sich richtet, mehrere sein können. „Auch wenn das Bewußtsein von einem zu einem anderen Ding übergeht, bleibt die Aufmerksamkeit stets dem Objekt zugewandt, und die vorausgehende Tätigkeit bringt aus sich die nachfolgende hervor, ohne die kleinste Bruchstelle, an der ein Gedanke sich einschleichen könnte[57]".

Ein wesentlicher Zug in Nishidas Philosophie ist die substantielle Gleichsetzung von reiner Erfahrung und denkendem Bewusstsein, dem Urteil also. Während ich im Moment der reinen Erfahrung eine Gesamtheit von puren Empfindungen erlebe, setze ich im Urteilen bestimmte Bewusstseinselemente in Beziehung zueinander. Diese Elemente können nun aber in der Weise der reinen Erfahrung zunächst ins Bewusstsein gelangt sein. Daher zieht Nishida den logischen Schluss, dass das Urteilen nichts weiter ist, als das In-Verbindung-Setzen früherer Empfindungen/reiner Erfahrungen mit den gegenwärtigen. So besteht zwischen Urteilen und reinen Erfahrungen lediglich ein gradueller Unterschied, weil das Ergebnis

---

55 Vgl. Demmel, Maximiliane. München: Martin Meidenbauer Verlagsbuchhandlung, 2004. S. 26
56 Ebd. S. 63
57 Nishida, Kitarō. Über das Gute. 1993. S. 33

eines Urteils lediglich „ein aus der Ur-Erfahrung abstrahierter Teil[58]" ist, der der reinen Erfahrung keineswegs überlegen, sondern im Gegenteil an Inhalt noch „ärmer" ist.
Im Konzept der reinen Erfahrung und seiner substantiellen Gleichheit zum Urteil bzw. zum Denken, wurde Nishida Kitarō wesentlich vom radikalen Empirismus des William James inspiriert, dessen Lektüre er in seinen Studienjahren nachging.

> To be radical, an empiricism must neither admit into its constructions any element that is not directly experienced, nor exclude from them any element that is directly experienced. For such a philosophy, the relations that connect experiences must themselves be experienced relations, and any kind of relation experienced must be accounted as "real as any thing else in the system[59].

Was William James mit der genannten These aufstellt, ist offensichtlich der radikale Ausschluss aller nicht direkt erfahrbarer Teile und die Pflicht jedes wahrnehmbare Teil in seine Betrachtung aufzunehmen. Der wichtigere Teil für das zentrale Thema dieses Kapitels liegt in James' Annahme eines primären Urstoffs, den er mit *pure experience* bezeichnet. Dieser selbst substanzlose Stoff schließt alle Substanzen und Erfahrungen in sich ein; da er „das Umfassende" aller Phänomene darstellt, gehen aus ihm auch die Relationen zwischen den Erfahrungen hervor[60]. An dieser Stelle hakte wohl Nishida ein, als er das bewusste Denken als zweite Seite des Bewusstseins im Gegensatz zur reinen Erfahrung setzte. Im Anschluss an James, der die *pure experience* als „Umfassendes" aller Erfahrungen und Phänomene ansetzte, könnte man auch von Nishidas reiner Erfahrung als einem Urstoff sprechen, aus dem sich das Denken abstrahiert. Allerdings muss hier Vorsicht geboten werden, weil die beiden Ansätze sich keinesfalls kritiklos vergleichen lassen. Nishida nimmt im Gegensatz zu William James bei seinen Theorien stets eine Kraft, ein Absolutes an, das hinter der reinen Erfahrung steht; Nishida ist also grob gesagt religiös orientiert, während James von keiner absoluten Macht ausgeht, die noch über dem Prinzip der *pure experience* anzusiedeln ist. Ein wichtiger Punkt bei der Unterscheidung der beiden philosophischen Ansätze liegt in der absoluten „Alltagstauglichkeit" von Nishidas reiner Erfahrung. Wie schon oft angesprochen kann der Mensch sich mitten im alltäglichen Leben einer reinen Erfahrung bewusst werden; William James al-

---

58 Nishida, Kitarō. Über das Gute. 1993. S. 37
59 James, William. Essays in radical empiricism. A pluralistic universe. New York: Longmans, Green and Co., 1947. S. 42
60 Vgl. Demmel, Maximiliane. 2004. S. 107

lerdings geht davon aus, dass der Mensch nur wenige Augenblicke im Zustand der *pure experience* verbringen kann[61].

Im Zusammenhang mit Nishidas reiner Erfahrung sei noch die intellektuelle Anschauung genannt, die eine Art religiöse Erfahrung darstellt.

> Was ich hier mit intellektueller Anschauung meine, ist die unmittelbare Wahrnehmung eines sogenannten Idealen, das die gewöhnliche Erfahrung übersteigt. Dialektisches Erkennen geschieht in unmittelbarer Wahrnehmung; zum Beispiel in der Intuition eines Künstlers oder eines religiösen Menschen[62].

Anhand Nishidas intellektueller Anschauung zeigt sich erneut deutlich, dass der Mensch in der reinen Erfahrung nicht zu einem transzendentalen Subjekt wird. Die reine Erfahrung lässt das Subjekt zwar den alltäglichen Erfahrungs- und Erkenntnishorizont übersteigen, dieser Prozess findet allerdings mitten im alltäglichen Leben statt.

Obwohl Nishida im Hinblick auf die intellektuelle Anschauung von einer Übersteigung der gewöhnlichen Erfahrung spricht, bedeutet das lediglich eine Bereicherung und Vertiefung des Inhalts der Erfahrung, aber keinen strukturellen Unterschied.

3.3. Gibt es (Willens-)Freiheit wirklich?

„Ich bin so geboren, ich kann nicht anders", versucht ein Angeklagter seine Unschuld vor Gericht zu beweisen. Im Gegenzug wird er vom Richter aus demselben Grund verurteilt: Auch dieser kann aufgrund seines Berufes und den vorgegebenen Gesetzen nicht anders handeln, weil dies nun eben notwendig sei[63].

Karl Jaspers' eben angeführtes fiktives Beispiel von der Verurteilung eines Angeklagten durch den Richter wirft generelle Fragen nach der Freiheit und nach dem Willen des Menschen auf. Nach welchen Maßstäben handelt und denkt ein Mensch nun? Sind diese ihm vorgegeben durch äußere Umstände?

Es wird sich herausstellen, dass für Karl Jaspers die Thematik der (Willens-)Freiheit sich wesentlich durch seine gesamte Philosophie durchzieht. Besonders im Aneignen der Grenzsituationen und im Kommunikationsprozess wird das Thema der Freiheit eine essentielle Rolle spielen.

---

61 Vgl. Demmel, Maximiliane. 2004. S. 115 – 120
62 Nishida, Kitarō. Über das Gute. 1993. S. 63
63 Vgl. Jaspers, Karl. Einführung in die Philosophie. 2003. S. 50-51

Freiheit darf nicht als Beliebigkeit oder gar als Willkür verstanden werden; sie ist immer nur eine Möglichkeit. Der Unterschied zwischen Freiheit als Willkür und Freiheit als Möglichkeit liegt im Prinzip der Notwendigkeit, das für letztere Freiheit eine Rolle spielt. Freiheit existiert nicht ohne Notwendigkeit, die sich in der Existenz selbst zeigt und nicht von äußeren Faktoren abzuleiten ist. Karl Jaspers spricht in diesem Zusammenhang von der existenziellen Notwendigkeit[64]. Meine Existenz läuft auf einen bestimmten Sinn hinaus und entwickelt sich auf ein ganz bestimmtes Ziel hin. Bei meinen Entscheidungen habe ich daher nur mehr Wahlfreiheit zwischen den Dingen, die in das Schema meiner Existenz passen. Ein Beispiel sei hierzu genannt: Wenn meine Existenz auf einen moralisch guten Menschen hinausläuft, dann habe ich die freie Wahl, welche guten Handlungen ich setze. Das Spektrum der moralisch verwerflichen Handlungen muss aber von vornherein ausgeschlossen werden, weil es nicht in das Konzept der moralisch guten Existenz fällt.

Zusätzlich zu allen Handlungen gehört die Notwendigkeit des Handelns. Das bedeutet, dass ein Mensch zwar zwischen mehreren Möglichkeiten wählen kann, aber dass er handeln *muss* ist notwendig und nicht frei verhandelbar.

„Anfang und Ende der Freiheitserhellung bleibt aber, daß Freiheit nicht erkannt, auf keine Weise objektiv gedacht werden kann. Ich bin ihrer für mich gewiß, nicht im Denken, sondern im Existieren"[65]. Jaspers stellt klar, dass sich das Wesen der Freiheit nur im Sein zeigt, im tatsächlichen Leben also und nicht auf der gedanklichen Ebene. Der Mensch, der in seiner Freiheit von der existenziellen Notwendigkeit bestimmt wird, überlegt also nicht bewusst, welche Handlung in sein Existenzschema passen würde, sondern er handelt einfach unbewusst.

Damit das Wesen der Freiheit zu Bewusstsein kommt, müssen andere Faktoren mitspielen. Wenn der Wille in Bewegung ist, das heißt, wenn er von einem zum anderen Objekt schwankt, dann erst wird dem Bewusstsein deutlich, dass er Wahlfreiheit hat.

Diese These scheint ebenfalls bei Nishida Kitarō auf. Was Jaspers für die (Willens-) Freiheit festmacht, postuliert Nishida für das Denken im Allgemeinen. Hierbei muss angemerkt werden, dass dieser das Denken und das Wissen nur graduell vom Willen abtrennt und die beiden Denkpositionen von Nishida und Jaspers daher verglichen werden können[66]. Nishida

---

64 Vgl. Jaspers, Karl. Was ist der Mensch? Philosophisches Denken für alle. München: Piper Verlag GmbH, 2003. S. 188
65 Ebd. S. 188
66 Vgl. Nishida, Kitarō. Über das Gute. 1993. S. 50-55

charakterisiert das Wissen als ein Folgen des Subjekts vonseiten des Objekts, im Fall des Willens verhält es sich umgekehrt[67]. Der Philosoph Fujita Masakatsu gibt in seinem Werk „Nishida Kitarō als Denker der Gegenwart" Beispiele für diese graduelle Unterscheidung von Wissen/Denken und Willen an. Wenn man einen Stift sieht und ihn als diesen erkennt, so handelt es sich hierbei um das Denken. Das Objekt, in diesem Fall der Stift, sendet Impulse zum Subjekt, das diesen nun folgt. Hat man allerdings das Bedürfnis mit dem Stift zu schreiben, so handelt es sich um den Willen. Das Subjekt greift damit in die Realität ein, und der Stift/das Objekt ist gezwungen dieser Veränderung zu folgen[68]. Da die beiden Elemente Denken/Wissen und Willen aber in den Moment der reinen Erfahrung fallen, existiert eine Differenz der beiden in diesem Moment nicht.

Nishida ist also der Ansicht, dass das Denken im Allgemeinen – sowie der Wille bei Jaspers – generell unbewusst abläuft. Im Zen-Buddhismus geht es um das reine Erleben der Wahrheit, das gegenüber der Philosophie keine reflexiven Erklärungen benötigt. Laut Zen-Praxis entfernt das Denken die Menschen von den wahren Dingen, weil es absolut bewusst abläuft und man sich daher dabei Impulsen nicht aussetzen und diesen freien Lauf lassen kann.

Nishida Kitarō widerspricht dieser Meinung. Dass der Wille zunächst etwas Unbewusstes und Spontanes ist, darüber liefern Nishida und Jaspers ähnliche Gedankengänge, allerdings mit verschiedenem Fokus. Fujita zeigt an Nishida, dass unsere vernünftigen Gedanken nicht die maßgebenden sind. Es handelt sich zuerst um das unmittelbare Erfahren und Erfassen dessen, was das Objekt uns bietet. Durch diesen Zustand des Aussparens des reflexiven Bewusstseins erkennt der Erfahrende einen Übergang von dieser Einheit der reinen Erfahrung zum reflexiven Denken. Dabei erfährt er nun, dass sein Denken von einem ebenso spontanen Willen begleitet ist um Wahrheit zu erfahren. Reine Erfahrung, Denken sowie der reine, egolose Wille verlaufen also spontan.

Jaspers zeigt eine ursprüngliche Spontaneität der Entwicklung eines Konzepts zu einem Gedanken auf. Der Vorgang des Denkens wird erst dann bewusst, sobald der Gedankenfluss stoppt. Erst, wenn sich uns ein Hindernis gedanklich in den Weg stellt und man gezwungen ist, einen anderen Denkweg einzuschlagen, kommt uns die Tätigkeit des Denkens zu Bewusstsein. Das Gefühl der Freiheit des Denkens oder des Willens bei Jaspers wird dem Menschen also erst dann bewusst, wenn er einem starken Antrieb folgt oder wenn ihm etwas entgegenwirkt[69].

---

67 Vgl. Nishida, Kitarō. Über das Gute. 1993. S. 54
68 Vgl. Demmel, Maximiliane. 2004. S. 188
69 Vgl. Nishida, Kitarō. Über das Gute. 1993. S. 57

4. Charakteristika des Ichs bzw. des Selbst

Während die vorangegangenen Kapitel einen Abriss von Karl Jaspers und Nishida Kitarōs wesentlichen Elementen des Ichbewusstseins darstellen, soll im Folgenden nun auf die Hauptthematik der vorliegenden Arbeit eingegangen werden: Wie charakterisiert sich das Selbst bzw. das Ich selbst? Welche Möglichkeiten hat es über sein biologisches Dasein hinauszuwachsen?
Was Karl Jaspers betrifft, so haben wir es mit einem Existenzphilosophen zu tun.

> Existenzphilosophie ist das alle Sachkunde nutzende aber überschreitende Denken, durch das der Mensch er selbst werden möchte. Dieses Denken erkennt nicht Gegenstände, sondern erhellt und erwirkt in einem das Sein dessen, der so denkt. In die Schwebe gebracht durch Überschreiten aller das Sein fixierenden Welterkenntnis (als philosophische Weltorientierung) appelliert es an seine Freiheit (als Existenzerhellung) und schafft den Raum seines unbedingten Tuns im Beschwören der Transzendenz (als Metaphysik)[70].

> [...] die eine Zeitlang fast vergessene Aufgabe der Philosophie ist: die Wirklichkeit im Ursprung erblicken und sie durch die Weise, wie ich denkend mit mir selbst umgehe, – im inneren Handeln – zu ergreifen. [...] Existenz ist eines der Worte für Wirklichkeit[71].

Diese Jaspersschen Definitionen von Existenzphilosophie seien unkommentiert an den Anfang des Kapitels gestellt. Welche existenziellen Ideen und Konzepte Jaspers tatsächlich in seiner Philosophie vertritt, werden schrittweise in Gegenüberstellung zu Nishida bearbeitet.

Das allgemein Wesentliche an der Strömung der Existenzphilosophie liegt sicherlich am Bruch mit der Auffassung vom rationalisierbaren Menschen sowie vom Typus des „Denkers". Die Figur des „Denkers" im Idealismus vernachlässigt eine wesentliche Komponente: Der denkende Mensch steht mitten im Leben und ist präsent in Form von Körper, Geist und Erfahrungen. Ähnliche Konzepte lassen sich bereits bei Friedrich Nietzsche im Zusammenhang mit seiner Lebensphilosophie erkennen[72].

Besonders die Kriegserfahrungen der beiden Weltkriege haben gezeigt, dass die subjektiven Erscheinungen wie Angst, Schmerz oder Verzweiflung sich von der objektiven Welt abheben. „Das Sichversenken in die

---

70 Jaspers, Karl. 1932. S 145
71 Jaspers, Karl. 1938. S. 1
72 Vgl. Salamun, Kurt. 1985. S. 46

Abgründe der Existenz ist der zweite Weg zur Überwindung des Nihilismus[73]".

Die Annäherung an den Begriff der Existenz stellt eine große Herausforderung dar, weil es keine einheitliche Definition im Rahmen der Existenzphilosophie gibt. Allein in Jaspers' Philosophie treten deutlich differente Bedeutungen des Begriffes auf. Daher erscheint es mir wichtig in einem Unterkapitel die unterschiedlichen Verwendungen des Terminus der Existenz bei Karl Jaspers aufzuweisen und sie zusätzlich den Bedeutungen der anderen Existenzphilosophen gegenüberzustellen.

In welcher Hinsicht aber passt nun Nishida Kitarō in dieses Kapitel? Seine Philosophie lässt sich in keine Kategorie des Abendlandes zwängen. Sie steht zwar den Themengebieten der Metaphysik und der Ontologie nahe, allerdings behandelt Nishida das seiende Selbst mitsamt dessen Realität. Teilweise fällt seine Philosophie in den Bereich des Empirismus', wobei hier zu beachten ist, dass es Nishida ein Anliegen war ein eigenes System der Philosophie aufzubauen, dass sich der Kategorisierung entzieht. Aufgrund Nishidas breitem philosophischen Spektrum weisen seine philosophischen Thesen Merkmale fast jeden Teilgebiets der abendländischen Philosophie auf, die aber auf seine ureigene Weise betrachtet werden. Daher lassen sich durchaus Parallelen zum europäischen Existentialismus ziehen, vor allem wenn man seine Ausführungen über das Gute oder über die Realität genauer betrachtet. Schon der Abriss über sein Konzept der reinen Erfahrung, das seine gesamte Philosophie begründet, macht deutlich, dass die Subjekte bei ihm keine streng rationalistischen Denker sind. Das Erlebnis der reinen Erfahrung vollzieht sich nur im Alltagsbewusstsein, wenn der Mensch im Leben steht mit all seinen Sinnen und Erlebnissen. Es muss aber deutlich und wiederholt darauf hingewiesen werden, dass die allgemein bekannten, europäischen Themengebiete der Philosophie aus den genannten Gründen keinesfalls unreflektiert auf Nishida umgelegt werden dürfen sondern immer nur als richtungweisend kritisch und mit Distanz zu betrachten sind.

4.1. Seinsdimensionen

„Jaspers' Idee der menschlichen Selbstverwirklichung läßt sich nur adäquat darstellen, wenn man sich zuvor einem Gedanken zuwendet, den man als den philosophisch-anthropologischen Grundraster seiner Exis-

---

[73] Reding, Marcel. Die Existenzphilosophie. Heidegger, Sartre, Gabriel Marcel und Jaspers in kritisch-systematischer Sicht. Düsseldorf: Verlag L. Schwann, 1949. S. 12

tenzphilosophie bezeichnen kann[74]". Dieser Grundraster beinhaltet die Jasperssche Auffassung von den vier Seinsweisen des Menschen. Im Unterschied zu traditionellen Konzepten, die den Menschen in Seinsschichten wie Körper, Seele, Geist einteilen, existieren für Karl Jaspers vier verschiedene Seinsdimensionen, in denen der Mensch sich bis zu seiner Verwirklichung bis nach oben aufschwingen muss.

Jaspers' Unterteilung in diese vier verschiedenen Seinsweisen, die im Folgenden dargestellt werden, ist für Philosophieinteressierte ein bekanntes Faktum. Tatsächlich aber lässt sich auch beim Philosophen Nishida Kitarō durchaus eine Unterteilung in verschiedene Verwirklichungsdimensionen vornehmen. Zu erwähnen ist, dass Nishida in seinem philosophischen Konzept keine Abstufung und Strukturierung von „Seinsarten" vorgenommen hat wie es Karl Jaspers getan hat. In der Bearbeitung seiner philosophischen Thesen lassen sich allerdings verschiedenen Seinsstufen herauslesen, die nun dargestellt und den Jasperssschen Seinsdimensionen gegenübergestellt werden.

Das Hauptgewicht bei dieser Gegenüberstellung liegt auf der Frage nach den Möglichkeiten des Hinauswachsens über das rein biologische Leben. Ausgangsgrundlage dafür war Jaspers' Konzept von den vier Seinsweisen, deren höchste Stufe erst eigentliches Sein markiert. Ausgehend davon wurde untersucht ob es in Nishidas Philosophie ein ähnliches Konzept der Abstufung von Seinsdimensionen gibt bzw. einfach welche Möglichkeiten für den Menschen existieren sein wahres Selbst zu verwirklichen.

4.1.1. Die Seinsebenen bei Nishida Kitarō

Wie bereits oben erwähnt findet sich in Nishida Kitarōs Philosophie keineswegs ein Konzept oder gar ein Raster verschiedener Seinsstufen. Es scheint vielleicht riskant eine künstliche Unterscheidung vorzunehmen, die der Philosoph selbst nicht in konzeptueller Weise dargestellt hat. Allerdings fällt einem durchaus deutlich eine Einteilung in verschiedene Seinsebenen ins Auge, auch wenn sie nicht systematisch aufgezählt worden ist.

Das kleine Selbst/ Das Ego[75]/Das oberflächliche Bewusstsein[76]
Das Abschotten von der Umwelt ist das wesentliche Merkmal für einen Menschen, der das oberflächliche Bewusstsein vertritt bzw. das Ego. Es handelt sich hierbei um einen Menschen, der völlig in der Subjekt-Objekt-Spaltung lebt. Er ist in seiner eigenen Individualität abgeschlossen und

---

74 Salamun, Kurt. 1985. S. 54
75 Die Begriffe zur Bezeichnung der verschiedenen Weisen des Selbstseins finden sich in: Demmel, Maximiliane. 2004. S. 46
76 Vgl. Nishida, Kitarō. Über das Gute. 1993. S. 170

nimmt die Außenwelt als ihm fremde Objekte wahr, die keinen Bezug zu ihm haben. Dieses oberflächliche Bewusstsein kann zum Beispiel schon durch das Prinzip der Liebe aufgebrochen werden. Maximiliane Demmel beschreibt Nishidas Auffassung darüber wie folgt: „Wenn wir außerdem etwas liebten, dann fühlten wir uns vereint damit, wie sich ein Elternteil eins mit einem Kind fühle, unsere Ego-Grenze scheine wie aufgehoben[77]".

Das wahre Selbst/ Das große göttliche Selbst

„[…] wherein subject and object are in unity, knowledge and will are perfectly blended, and the distinction between the thing and the self vanishes. Therein, only one world, one scene, is present. This is none other than the manifestation of the 'real self'[78]". Das wahre Selbst zeigt sich also – wie Yusa Michiko es an dieser Stelle deutlich zusammenfasst – erst auf der Stufe der kompletten Einheit vom Selbst und seiner Umwelt. Es existieren mehrere Möglichkeiten um diesen Zustand zu erreichen. Wie oben angerissen, stellt eine Variante das Prinzip der Liebe dar. Um das wahre Selbst zu erreichen nennt Nishida ebenfalls die künstlerische Tätigkeit. Ein Künstler ist seinem Objekt gegenüber völlig offen und lässt es zu sich „sprechen". Er nimmt die Gegebenheiten des Objekts in sich auf und wird somit eins mit ihm. In seinem künstlerischen Ausdruck wird also die Einheit von ihm selbst und dem Objekt offenbar.

Als markanteste Methode zur Erreichung des Zustandes der totalen Vereinigung nennt Nishida Kitarō allerdings die Religion.

Das überindividuelle Selbst

Durch die Religion ist es dem „kleinen, individuellen Selbst" des Menschen am besten möglich sich mit dem überindividuellen Selbst zu verbinden[79]. Das überindividuelle Selbst stellt den Willen und die Bedürfnisse aller Individuen in vereinter Form dar. Beteiligt sich das Individuum daran und stellt es die egoistischen Wünsche und Forderungen seines oberflächlichen Bewusstseins in den Hintergrund, hat es Anteil an dieser überindividuellen Kraft. In der Philosophie des frühen Nishida spielt Gott eine wichtige Rolle. Wie Gott allerdings genau definiert wird, scheint nicht ganz klar zu sein. Gott taucht auf als die Grundlage des Universums, als das Vereinigende der reinen Erfahrung, als reine Erfahrung selbst, als große

---

77　Demmel, Maximiliane. 2004. S. 100
78　Yusa, Michiko. 2002. S. 94
79　Vgl. Demmel, Maximiliane. 2004. S. 94: Diese Vereinigung wird im Zen-Buddhismus *kenshō* genannt, was soviel wie „die Natur sehen" bedeutet. Synonym dazu wird auch der Begriff *satori* gebraucht, der für „bemerken, einsehen, verstehen" steht.

intellektuelle Anschauung sowie als die Welt[80]. Allerdings kann auch jedes Individuum einen Anteil am Göttlichen haben, sobald es am überindividuellen Willen, der dem Prinzip des Guten folgt, teilnimmt. Dadurch trägt das Individuum, das zwar an einen zeitlichen Ablauf und an ein Ende gebunden ist, dazu bei, das überindividuelle Bewusstsein weiterzuentwickeln.

> Nach der Art des Prinzips, das immer dasselbe bleibt, wer auch immer darüber nachdenkt, liegt auch unserem Bewußtsein ein universelles Element zugrunde. Ihm verdanken wir, daß wir einander verstehen und miteinander kommunizieren können. Die sogenannte universelle Vernunft durchzieht nicht nur den Grund des allgemeinen Menschengeistes: wie reich ein Mensch, der in einer bestimmen Gesellschaft geboren wurde, an Originalität auch sein mag, er kann sich der Herrschaft des für diese Gesellschaft spezifischen Geistes nicht entziehen. Der Geist eines Individuums ist nicht mehr als eine Zelle des gesellschaftlichen Geistes[81].

4.1.2. Karl Jaspers' Seinsstufen

Das bloße Dasein
Die unterste Seinsschicht des Jaspersschen Konzepts gilt als die triebbedingte Dimension. Da sich der Mensch auf dieser Stufe nur auf die Befriedigung körperlicher Bedürfnisse beschränkt und nach dem Prinzip der Lebenserhaltung denkt, wird diese Seinsdimension auch „biologisches Dasein[82]" genannt. „Mit engem Gesichtsfeld, das aber grade sichtbar macht, was Macht, Geltung und Genuß in der Welt verschafft – will er nur sich. Er schiebt gewaltsam beiseite, was ihm in den Weg kommt. Hat er sein Ziel erreicht, so deutet er um[83]". Das bloße Dasein äußert sich durchaus auch in einer Mutter, die das Allerbeste für ihr Kind möchte, wie Jaspers es an einer Stelle ausführt. Auch im Drang der Mutter für ihr Kind wird ein starrer Trieb bemerkbar; auch hierbei zeigt sich ein völlig eingeschränktes Gesichtsfeld. Die Mutter nimmt nur Dinge zur Kenntnis, die der Erfüllung ihres Dranges dienlich sind. Alle anderen Kommunikationsversuche scheitern. Das bloße Dasein ist das reelle Dasein in der Zeit, „das Anfang und Ende hat, sich in seiner Umwelt müht und kämpft oder ermüdet und nachgibt, genießt und leidet, Angst hat und Hoffnung[84]".

---

80 Vgl. Demmel, Maximiliane. 2004. S. 265
81 Nishida, Kitarō. Über das Gute. 1993. S. 99
82 Vgl. Salamun, Kurt. 1985. S. 56
83 Jaspers, Karl. Philosophie III. Metaphysik. München: R. Piper GmbH & Co. KG, 1994. S. 108
84 Jaspers, Karl. 1938. S. 16

Auf dieser Stufe lebt der Mensch in völliger Sicherheit und Unbekümmertheit. Er akzeptiert die Dinge, die die Welt ihm bietet, und hinterfragt nicht. Jaspers vergleicht diese naive Selbsthaltung mit der eines Kindes[85].

Das Bewusstsein überhaupt
Lebt der Mensch auf der Seinsstufe des bloßen Daseins noch in fragloser Geborgenheit, so beginnt er nun die Dinge in seiner Umgebung und sich selbst zu reflektieren. „Fragen ist die Krise, durch die ich mich löse aus einem Dasein, in dem ich meine Welt wie selbstverständlich schon weiß, ohne zu reflektieren. Ich erwache [...] zu einem Erkenntnisdasein[86]".
Das Bewusstsein überhaupt kann mit dem Verstand gleichgesetzt werden, der zum logischen Denken aufruft. Erst auf dieser Stufe eröffnet sich die Möglichkeit Objekte sowie sich selbst als identisch und als allgemeingültig einzustufen. Laut Kurt Salamun zeigt sich auf der Seinsebene des Bewusstseins überhaupt ein markanter Kant-Einfluss. Während für Kant die Anschauungsformen und die reinen Verstandesbegriffe die apriorischen Voraussetzungen für die Erkenntnis sind, bedeutet für Jaspers das Bewusstsein überhaupt die Bedingung für jede Form von Erkenntnis[87].

Der Geist
Da es Jaspers' Konzept der Existenzphilosophie widersprechen würde, wenn der Mensch lediglich Stufen von reinem körperlichen Dasein und formalen Denkkategorien durchlaufen würde, zeigt er auf der dritten Seinsstufe tiefgründigere Dimensionen des Menschseins. Der Mensch als Geist äußert sich in den selbständigen Vorstellungen und Ideen. Hierbei dreht sich alles um das Eigenständige, das Kreative, das der Mensch aus den Vorgaben seines Bewusstseins schöpft. Es geht um ein Bewusstsein, dass „Einheit in die Zerstreutheit des Wißbaren und Erfahrbaren" bringt und um eine Ganzheit, „eine Idee, die Zusammenhang schafft[88]".

Die Existenz
Waren die bisherigen drei Seinsstufen noch empirisch oder rational in ihrer Gesamtheit einsehbar, so ergreift der Mensch im Sprung zur Existenz seine Individualität. Auf der Stufe der Existenz ist er nicht mehr objektiv erfassbar. Er ist zu seinem Ursprung zurückgekehrt und steht nun vor den verschiedenen Möglichkeiten seines Seins. „Existenz ist das Selbstsein, das sich zu sich selbst und darin zu der Transzendenz verhält, durch die

---

85 Vgl. Salamun, Kurt. 1985. S. 56-57
86 Jaspers, Karl. Von der Wahrheit. Philosophische Logik. Erster Band. München: Piper Verlag, 1983. S. 64
87 Vgl. Salamun, Kurt. 1985. S. 57
88 Vgl. Jaspers, Karl. 1983. S. 71-75

es sich geschenkt weiß, und auf die es sich gründet[89]". In der Reflexion und im Bezug auf die Transzendenz ist der Mensch ein ungegenständliches Wesen, das in seiner Totalität nicht mehr zu fassen ist.
Karl Jaspers bezieht sich im Konzept der Existenz stark auf das Gedankengut von Immanuel Kant[90]. Dieser vertrat die These von den Ideen (reine Begriffe der Vernunft), die im Menschen eine regulative Funktion vermitteln. So geben sie ihm bestimmte Begriffe wie Einheit, Totalität oder das Ganze vor. Die Einheit bleibt dabei jedoch immer nur Aufgabe des Menschen, sie kann niemals objektiv eingesehen werden. Jaspers übernimmt Kants Ideen und deutet sie in seiner Philosophie um. „[...] auch für ihn zielen Ideen von vornherein auf das Ganze, die Einheit, die Totalität und liegen jenseits der Grenzen möglicher Erfahrung[91]". Allerdings übernimmt für Jaspers der Mensch selbst auf der Stufe der Existenz die Funktion der Idee.

> Diese tiefsinnigen Gedanken Kants [...] lehren, dass jedes Individuum unendlich, daß es, sofern es Gegenstand der Erkenntnis wird, Idee ist[92].

Ist der Mensch nun identisch mit einer Idee, so bedeutet dass, dass er niemals als Ganzes erkennbar, also niemals Erkenntnisgegenstand sein kann.

> Da das Individuum als Individuum immer Idee ist, ist es somit letzthin unerkennbar. Die Idee aber des Individuums besteht nur in der Idee des Ganzen überhaupt, der Mikrokosmos nur in Beziehung auf den Makrokosmos. Ein Individuum erkennen wollen, heißt die Welt überhaupt erkennen wollen. Die Idee des Individuums ist nicht weniger unendlich als die Idee des einen allumfassenden Individuums, auf das wir in der Idee der Erfahrungstotalität überhaupt gerichtet sind[93].

Einheiten können nicht objektiv erfasst werden. Jaspers führt an, dass das Erfahren von Ganzheiten nur durch das direkte Erleben in Teilen erfassbar werden kann. Im Werk „Psychologie der Weltanschauungen" weist er auf, dass die Seele eines Menschen durchaus erfahren werden kann – allerdings nur in Form von psychologischen Einzelerkenntnissen und nie als Gesamtphänomen. Gott kann daher ebenfalls nicht direkt erfasst werden; durch religiöse Praxis können aber „göttliche Funken" erfahrbar gemacht werden[94].

89	Jaspers, Karl. 1938. S. 17
90	Vgl. Salamun, Kurt. 1985. S. 59-60
91	Ebd. 1985. S. 60
92	Jaspers, Karl. Psychologie der Weltanschauungen. Berlin, Göttingen und Heidelberg: Springer-Verlag, 1960. S. 476
93	Ebd. S. 476-477
94	Vgl. ebd. S. 477

Ist das Individuum gleich einer Idee, ergibt sich daraus noch eine weitere Konsequenz. Der Mensch wird niemals fertig mit seinen Seinsmöglichkeiten. Die Verwirklichung seiner Möglichkeiten bleibt unendliche Aufgabe für ihn. Die Idee bewirkt einen dynamischen Prozess, der das Selbst in Gang setzt und somit verhindert, dass es erstarrt und in eingefahrenen Bahnen verhaftet bleibt. „Wir können nicht ‚Mensch überhaupt' sein (der Mensch ist keine fertige Wirklichkeit, vielmehr auch selbst Idee), sondern nur als männlich oder weiblich[95]".

4.2. Das umfassende Prinzip der Realität

4.2.1. Das Umgreifende

Karl Jaspers und Nishida Kitarō gehen beide von einer Art Urzustand aus, in der noch keine Spaltung zwischen Ich und Welt vollzogen worden ist. Jener Urzustand erhält bei Jaspers den Namen „das Umgreifende". Um sich von jeder Art von Ontologie abzugrenzen, bezeichnet er die Lehre vom Umgreifenden als „Periechontologie[96]".

Das Umgreifende ist als eine Art vorlogisches Stadium zu verstehen, in dem der Mensch noch in einer Einheit mit den anderen Menschen und sich selbst lebt. Noch reflektiert er seine Umgebung nicht und zieht somit noch keine Grenze zwischen sich als Subjekt und seiner Umwelt als den gegenüberstehenden Objekten. Dieses vollzieht sich erst im logischen Stadium, in dem die Menschen sich als Individuen wahrnehmen, die scheinbar völlig verschieden vom Rest der Umwelt sind. In seiner Abhandlung „Von der Wahrheit" charakterisiert Jaspers das Umgreifende folgendermaßen:

> Das Unüberschreitbare, selbst als solches nicht geradezu zu Fassende, das, woraus wir sind, und das wir darum nie überblicken, das was immer noch umfassender ist, wie umfassend wir auch immer unseren zu erkennenden Gegenstand bestimmen, nennen wir das Umgreifende[97].

Jaspers beschreibt an dieser Stelle eindrucksvoll, dass das Umgreifende den Urgrund allen Bestehenden darstellt und als solcher niemals in seiner Ganzheit erfassbar werden kann.

Hat der Mensch die Seinsdimension der Existenz erreicht, – wie im vorigen Kapitel ausgeführt – so findet er sich selbst als Teilstück im Umgrei-

---

95   Jaspers, Karl. Psychologie der Weltanschauungen. 1960. S. 236
96   Salamun, Kurt. 1985. S. 88
97   Jaspers, Karl. 1983. S. 26

fenden wieder[98]. In dieser Position nimmt er Teil an der Erfahrung der umfassenden Einheit von Subjekt und Objekt, erfährt jedoch nicht den Urgrund, also das Umgreifende selbst.

Karl Jaspers nennt insgesamt sieben Weisen des Umgreifenden. Er spaltet es auf in die vier menschlichen Verwirklichungsdimensionen Dasein, Bewusstsein überhaupt, Geist und Existenz und in das Umgreifende als das „Sein selbst": Welt und Transzendenz. Darüber hinaus stellt die Vernunft als Vereinigung aller Weisen des Umgreifenden eine weitere Art dar[99]. Ein wesentlicher Zug in Jaspers' Darstellung der Arten des Umgreifenden liegt im Pluralitätsaspekt. Nur im Zusammenspiel aller Arten ist Menschsein überhaupt möglich. „Die Weisen des Umgreifenden, vollzogen in ihren Grundbezügen, sind erst in ihrer Gesamtheit die Verwirklichung des Menschseins[100]". Jede Weise des Umgreifenden setzt einen Grundstein für die nächste. So liefert das Umgreifende des bloßen Daseins die lebensnotwendigen und instinktbedingten Impulse, damit das Umgreifende des Bewusstseins überhaupt seine Rationalität entfalten kann. Umgekehrt grenzt das Bewusstsein überhaupt durch seine Vernunft das bloße Dasein ein, damit dieses seine Triebhaftigkeit nicht ins Extreme führt.

4.2.2. Der Ort

Wie für Karl Jaspers das Umgreifende den Raum der absoluten Einheit von Ich und Welt darstellt, so ist es für Nishida Kitarō der Ort bzw. das absolute Nichts. Die vorangegangen Kapitel haben gezeigt, dass der Mensch die Einheit von sich selbst mit seiner Umwelt in der reinen Erfahrung erleben kann, die die Grundlage seiner Philosophie bildet. Für die Existenz dieser Einheit spielt Gott eine wesentliche Rolle, in welcher Weise dieser auch immer erfasst wird. Im Kapitel „Gott und Welt" charakterisiert Nishida Gott als das einheitsstiftende Prinzip der reinen Erfahrung. Als solches kann der Inhalt seines Bewusstseins nur das Allgemeine, Untrennbare sein, was Nishida mit der Welt gleichsetzt. Gott als Schöpfer des Allgemeinen und Einheitsstiftenden steht somit über aller Differenzierung und transzendiert darüber hinaus als Ursprung des Allgemeinen dieses noch zusätzlich. Für Nishida umfasst Gott daher alle Ge-

---

98	Die einzelnen Schritte und Methoden zur Existenzerhellung finden sich anschaulich dargestellt in: Jaspers, Karl. Philosophie II. Existenzerhellung. München: R. Piper GmbH & Co. KG, 1994. S. 9-18
99	Eine schematische Gliederung der Weisen des Umgreifenden findet sich in: Jaspers, Karl. 1983. S. 50
100	Jaspers, Karl. 1983. S. 140

gensätze und Widersprüche sowie auch das Sein und das Nichts zugleich. „Da alles aus ihr [der Bewusstseinseinheit bzw. Gott] hervorgeht, ist sie allem, was existiert, transzendent. Trifft der Geist auf die Farbe Schwarz, repräsentiert er zwar die Farbe schwarz [sic!], ist aber nicht schwarz; [...]^{101}". Nishida vergleicht in seinem Frühwerk „Über das Gute" seinen Gottesbegriff im Weiteren mit dem des Nicolaus Cusanus sowie mit Jakob Böhmes.

> Wenn wir uns auf das Innerste unseres Bewußtseins zurückwenden, erkennen wir die tiefe Bedeutung, die in Jakob Böhmes Worten von der „Stille ohne Wesen", dem „Ungrund" und dem „Wille[n] ohne Gegenstand" verborgen liegt, und werden darüber hinaus von einem hohen Gefühl der Unergründbarkeit erfüllt. [...] Da Zeit und Raum aus ihr [der Bewusstseinseinheit] hervorgehen, transzendiert Gott Raum und Zeit. Er ist ewig und unzerstörbar. Es gibt keinen Ort, an dem er nicht ist^{102}.

Gott kommt man laut Nishida nur in der Ich-Vergessenheit nahe, also erst dann, wenn man aufhört sein Selbst von anderen Individuen und Objekten zu differenzieren. Dieser Zustand der „Findung Gottes" ist nichts Anderes als die bereits bekannte reine Erfahrung.

Während in Nishidas Frühphilosophie Gott als das Einheitsprinzip der reinen Erfahrung wesentlich ist, gewinnt der Begriff des Ortes und des Nichts in seiner späteren Philosophie eine zentrale Rolle. Der frühe Nishida verstand Gott als Ursprung aller Ursprünge. In der mittleren Schaffensperiode legte er eine Rohfassung des Begriffs des Ortes vor, den er erst in seiner Spätphilosophie ausreifen ließ und der in Differenz zum Gottesbegriff seiner Frühphilosophie zu verstehen ist. Die Einheit^{103} von Subjekt und Objekt setzt voraus, dass das wissende Ich und das Ich, das gewusst wird, ebenfalls eine Einheit bilden. Damit dieses Wissen der Einheit des wissenden sowie gewussten Ichs funktioniert, wird eine weitere Instanz benötigt, die diese Einheit transzendiert. Nishida nennt sie den Ort/*basho* oder das absolute Nichts/*zettai mu*^{104}. *Basho* ist somit der Raum, in der die reine Erfahrung sowie das überindividuelle Bewusstsein erst möglich werden. In dieser Funktion ist es mit Karl Jaspers' Umgreifenden ver-

---

101 Nishida, Kitarō. Über das Gute. 1993. S. 211
102 Ebd. S. 211
103 Der Bereich der Einheit von Subjekt und Objekt ist in Nishidas Philosophie eine komplexe Thematik. Nishida spricht von einer Einheit, an anderen Stellen betont er jedoch, dass weder Subjekt noch Objekt exisitieren . Mit Einheit ist somit keine Vereinigung zu verstehen sondern eine Aufhebung von Subjekt und Objekt.
104 Vgl. Nishida, Kitarō. Über die innere Wahrnehmung. Zitiert nach: Demmel, Maximiliane. 2004. S. 33

gleichbar. Auf der Stufe der Existenz taucht der Mensch in die absolute Einheit von Ich und Nicht-Ich ein. Das Prinzip, das die Einheit erst möglich macht, wird durch das Umgreifende charakterisiert, das sich selbst als solches jedoch nicht zeigt.

Nishida Kitarō legt ein ähnliches Konzept an. Dem Menschen ist es möglich durch die reine Erfahrung die grenzenlose Einheit von Selbst und Welt zu spüren. In dieser Tätigkeit taucht er in den Ort ein, der ihm diese Vereinigung ermöglicht. Dass Nishida den Ort auch als absolutes Nichts bezeichnet, hängt mit dessen Struktur der Veränderlichkeit zusammen. Sowie das Selbst sich durch Reflexion und Erfahrungen bereichert und wandelt, so verändert sich auch das Urfaktum des Ortes[105].

4.3. Bereiche der Kommunikation

Das Thema der Einsamkeit in Zusammenhang mit der Kommunikation spielt für Karl Jaspers' Konzept der Existenzerhellung eine absolut zentrale Rolle. Nishida Kitarōs Werk weist Stellen auf, die ebenfalls die Thematik von Eigenständigkeit und Individualität behandeln, allerdings in weit wenigerem Ausmaß als Jaspers es tut. Dies resultiert aus der buddhistisch geprägten Ausgangssituation Nishidas, in der das Selbst immer schon als Einzelnes betrachtet wird, das in seiner konkreten Situation nach Überwindung aller Gegensätze in der Erkenntnis strebt.

Der Vergleich von Jaspers und Nishida hinsichtlich der Thematik Kommunikation, Einsamkeit/Eigenständigkeit wird über Nishida hinausgehen und auf dessen Tradition zurückgreifen, weil hierbei starke Parallelen zu finden sind.

Besonders in Karl Jaspers' Spätphilosophie erhält das Problem der Kommunikation einen beachtlichen, philosophischen Stellenwert, während zu Beginn seiner philosophischen Tätigkeit das Element der Einsamkeit eher im Vordergrund stand.

> Offenbar lag für den jungen Jaspers, bedingt durch seine Krankheit und durch seine Arbeit als Psychiater, das Schwergewicht eher auf dem Pol der Einsamkeit. Es dürfte kein Zufall sein, dass sein Vortrag über Individuum und Einsamkeit allen Arbeiten über Kommunikation vorausgeht, [...][106].

---

105 Vgl. Wargo, Robert J. J.. The logic of nothingness. A study of Nishida Kitarō. Honolulu: University of Hawai'i Press, 2005. S. 98
106 Saner, Hans. Einsamkeit und Kommunikation. Essays zur Geschichte des Denkens. Basel: Lenos Verlag, 1994. S. 86

In Jaspers Gesamtwerk findet sich diesbezüglich eine Art Widerspruch. Während seine frühere Arbeiten darlegen, dass der Mensch zu seinem Ursprung also zur Existenz durch bestimmte Situationen kommen kann, die er allein bestreitet (wie später noch zu zeigen wird), betont er im Spätwerk, dass es kein Zu-Sich-Selbst-Kommen ohne Kommunikation gibt.

Im Kapitel zur „Philosophischen Lebensführung" legt Karl Jaspers dar, dass der Mensch zum Innewerden der Wahrheit erst einen Prozess der Selbstbesinnung, eine „Einkehr in sich zum Sein selbst[107]", durchlaufen muss. Eine solche Einkehr lässt sich durch Selbstreflexion erleben, bei der ergründet wird, was der Mensch am Tag gedacht, gefühlt und getan hat. Diese Reflexion ist nichts Anderes als eine meditative Besinnung, wie sie im östlichen Denken verstanden wird und wie Karl Jaspers eine solche Selbstbesinnung auch nennt[108].

Das Moment der Meditation ist für Karl Jaspers ein unausweichlicher Schritt auf dem Weg zur Erkenntnis der Wahrheit und zur Erhellung des Umgreifenden. Meditieren ist ein Vergegenwärtigen des Ursprungs, ein Vergewissern des Seins und eine Prüfung von Wahrheit und Falschheit. Jaspers' Erleben von meditativen Zuständen ist ähnliche dem Nishidas. „Unerläßlich sind uns Menschen die täglichen Ausblicke tiefer Besinnung. Wir vergewissern uns, damit die Gegenwart des Ursprungs in der unausweichlichen Zerstreuung des Tages nicht ganz verschwindet[109]". Karl Jaspers erlebt in der Meditation die Gegenwart des Ursprungs, in der die Einheit alles Seienden erfahren wird. Eine ähnliche Erfahrung schreibt Nishida Kitarō in sein Tagebuch. „There is no inifinite separate from the finite; there is no absolute separate from the relative; [...]. The real infinite is within the finite, the real absolute is in the relative, and the real omniscient God is in this reality[110]". Sowohl bei Nishida als auch bei Karl Jaspers wird das Innewerden eines nicht von der Welt separierbaren Subjekts in der Meditation deutlich.

Zurück zum eigentlichen Thema: Für Jaspers stellt die Meditation ein unausweichliches Mittel zur Erkenntnis dar, das sich in Einsamkeit vollzieht. Zugleich betont er, dass alle Riten, die der einzelne Mensch durchführt, nicht allein zur Wahrheitsfindung führen[111]. Alle Erkenntnis, die als Ein-

---

107 Jaspers, Karl. Einführung in die Philosophie. 2003. S. 93
108 Vgl. ebd. S. 93-94
109 Ebd. S. 93
110 Nishida, Kitarō. Nishida Kitarō Zenshū. Tokyo: Iwanami, 1987-1989. 13:77. zitiert nach: Yusa, Michiko. 2002. S. 56
111 Vgl. Jaspers, Karl. Vernunft und Existenz. Fünf Vorlesungen. München: R. Piper & Co. Verlag, 1960. S. 93

zelner gewonnen wird, ist unverlässlich und muss bezweifelt und in der Kommunikation mit anderen überprüft werden. „Daher fordert die Philosophie: ständig Kommunikation suchen, sie rückhaltlos wagen, meine trotzige, sich in immer anderen Verkleidungen aufzwingende Selbstbehauptung hingeben, [...][112]". Karl Jaspers' Theorien zeugen also von einer Wechselwirkung von Einsamkeit und Kommunikation. Keines ist ohne das Andere denkbar.
Jaspers' Einsamkeit hat einen ambivalenten Charakter. Gelingt Kommunikation nicht, so lässt sie den Menschen einsam und isoliert zurück.

> Die Gemeinschaft der Massen hat eine Ordnung des Lebens in regulierten Gleisen hervorgebracht, durch welche die Menschen zwar technisch im funktionierenden Betrieb, aber nicht innerlich aus der Geschichtlichkeit ihrer Seele verbunden sind. Die Leere der Unbefriedigung an bloßer Leistung und die Ratlosigkeit, wenn die Geleise einmal versagen, haben eine nie dagewesene Einsamkeit der Seele erwachsen lassen, [...][113].

Diese Einsamkeit drängt den Menschen zu ihrer Aufhebung in der Kommunikation. Allerdings scheitert der Kommunikationswille oft am Nichtverstehen oder Nichtzuhören der Gesprächsteilnehmer.

Ähnlich wie bei den Weisen des Umgreifenden ordnet Jaspers den Seinsweisen ihre Kommunikationsformen zu, die hier nur kurz angerissen werden um einen Überblick zu verschaffen. Kommunikation auf der Stufe des bloßen Daseins gilt nur der Daseinserhaltung; Gemeinschaften schließen sich in Notsituationen zusammen um sich gegenseitig zu schützen. Auf der Stufe des Bewusstseins überhaupt diskutieren die Subjekte lediglich Faktizitäten und Theorien. Die Kommunikation auf der Stufe des Geistes besteht lediglich aus einem Mitteilen aus den Gegebenheiten der gemeinsamen Idee[114]. All diese Formen der Kommunikation weisen einen starken Mangel auf; die Individuen sind austauschbar; denn ihre Kommunikation betrifft nicht ihr konkretes Sein sondern lediglich objektive Faktizitäten. Nur in der letzten Stufe, der existentiellen Kommunikation spricht rein der existierende Mensch, so wie er selbst ist.
An dieser Stelle greift Jaspers' Dependenz von Kommunikation und Einsamkeit. Damit der Mensch die existentielle Kommunikation beschreiben kann, muss er Einsamkeit erlebt haben. Ist der Mensch sich seiner Selbst

---

112 Jaspers, Karl. Einführung in die Philosophie. 2003. S. 95
113 Jaspers, Karl. Rechenschaft und Ausblick. Reden und Aufsätze. München: R. Piper & Co. Verlag, 1951. S. 343
114 Eine genaue Darstellung über die Arten der Kommunikation auf den Seinsweisen findet sich in: Jaspers, Karl. Philosophie II. 1994. S. 50-73 und Jaspers, Karl. Psychologie der Weltanschauungen. 1960. S. 75-88

nicht bewusst und tritt er unreflektiert in die Kommunikation ein, verschwimmen die Grenzen zwischen den Subjekten. „Zwar kann ich mich aufgeben und distanzlos in dem Anderen zerfließen; aber wie Wasser, das nicht gestaut wird, in dünnem Rinnsal kraftlos dahinfließt, so das Ich, das nicht mehr die Härte des Selbstseins und Distanzierens will[115]". Wie oben angerissen, scheitert Kommunikation im Fall des Zerfließens im Anderen am Nichtverstehen des Anderen sowie auch am Nichtverstehen von sich selbst. Daher ist die Einsamkeit Voraussetzung für Kommunikation. Erst durch den Rückzug in die Einsamkeit und die Selbstreflexion kann der Mensch bestimmen, wer er selbst ist und welche Grenzen für ihn gelten. Dieses Prinzip der Einsamkeit ist nicht identisch mit tatsächlicher Isoliertheit. Der Mensch ist in Jaspers' Konzept der Einsamkeit nicht tatsächlich allein, sondern er lebt in der Gemeinschaft, besinnt sich jedoch auf sich selbst und wird sich seines eigenen Wesens bewusst. Erst wenn er sich selbst reflektiert hat und somit kennt, kann er in gehaltvolle Kommunikation mit anderen Menschen eintreten.

> Erst im hellen Bewußtsein entwickelter Zustände gilt: Ich selbst sein heißt einsam sein, jedoch so, daß ich in der Einsamkeit noch nicht ich selbst bin; denn Einsamkeit ist das Bereitschaftsbewußtsein möglicher Existenz, die nur in Kommunikation wirklich wird. [...] Ich muß die Einsamkeit wollen, wenn ich selbst aus eigenem Ursprung zu sein und darum in tiefste Kommunikation zu treten wage[116].

Die Einsamkeit ist wesentlich, damit das Ich in der Kommunikation sich selbst bewusst ist und unaufhebbar bleibt.

Nishida Kitarō merkt in seinem Aufsatz „Ich und Du" Thesen an, die denen von Karl Jaspers durchaus ähnlich sind. Er spricht von einem Allgemeinen, dessen Ursprung alles Sein ist. Obwohl alles Existierende von diesem gemeinsamen Ursprung herkommt, ist jedes Seiende als Einzelnes bestimmt und weist als Einzelnes klare Grenzen auf.

> Um ein Einzelnes denken zu können, muß zunächst in irgendeinem Sinne die Bestimmung eines Allgemeinen angenommen werden. Einzelne können als Grenze dieser [Allgemein-] Bestimmung gedacht werden. [...] Einzelnes muß etwas sein, das sich selbst bestimmt[117].

Nishida und Jaspers gehen beide von einem Umfassenden/Umgreifenden aus, das alles Seiende umfängt und aus dem alles Existierende hervorgeht. Trotzdem ist das Abgrenzen des Einzelnen ein wesentliches Cha-

---

115 Jaspers, Karl. Philosophie II. 1994. S. 61
116 Ebd. S. 61
117 Nishida, Kitarō. Ich und Du. In: ders. 1999. S. 142

rakteristikum um selbstbestimmt zu sein und somit erst den Ursprung alles Seienden zu erfahren.

Für Buddha spielte Einsamkeit eine zentrale Rolle zum Erlangen und Erfahren von Erkenntnis und Wahrheit. Karl Jaspers beschäftigte sich recht intensiv mit Buddhas Ansichten, die er auch in seinem Buch „Die maßgebenden Menschen. Sokrates, Buddha, Konfuzius, Jesus" nachzeichnete. „Ich halt mit keinem Menschen Freundschaft[118]", verkündete Buddha laut Karl Jaspers (Dieses Zitat lässt Buddha als egoistischen Menschen erscheinen, was jedoch missverständlich ist. Karl Jaspers meinte mit dieser Aussage, dass Buddha auf die „Freundschaft" von Menschen verzichtet hat, die sich nur zum Zweck von Eigennutz oder sonstigem egoistischen Interesse zusammen finden). Der Buddhismus weist starke Züge von Einsamkeitskonzepten auf, die dem Menschen helfen sollen, zu seiner wahren Natur zu finden.

> Bei dieser Selbstentdeckung kann man [...] nur den Weg in die eigene Tiefe gehen [...]. Man kann nicht den Weg eines anderen gehen, jemandes anderen Individualität nachahmen oder annehmen. [...] Jeder kann nicht nur, sonder muß nach seiner eigenen Fasson selig werden, und jeder kann nur den Teil der Wahrheit erhaschen, der ihm von seiner Position eben zugänglich ist[119].

Für Karl Jaspers ist das Zurückkehren aus der Einsamkeit eine unausweichliche Tatsache um zur Wahrheit zu kommen. Weder Einsamkeit, noch Meditation und Selbstreflexion allein können dem Menschen zur Erkenntnis führen. Sie sind wesentliche Stufen in Richtung Erkenntnis; da aber der Mensch immer auf ein Anderes gerichtet ist – auf Gegenstände sowie auf andere Subjekte – muss er den Weg in die Gemeinschaft zurück finden.

> Jede Beschäftigung mit bloßen Sachen, die nicht irgendwo zur Kommunikation führt, schien mir nicht in Ordnung. [...] Einsamkeit mit der Natur ist zwar ein wunderbarer Ursprung möglichen Selbstseins, aber der in ihr einsam Bleibende ist auf dem Wege, sein Selbstsein zu verarmen und am Ende zu verlieren[120].

Auch wenn Buddha nach außen hin die Gemeinschaft mit Menschen, die ihren Weg zur Erkenntnis in der Einsamkeit noch nicht gefunden haben, ablehnte, zeigt sich doch anhand seines Lebens, dass Kommunikation für ihn ebenfalls eine wichtige Rolle spielte. Nachdem er seinen individuellen

---

118 Jaspers, Karl. 1997. S. 35
119 Reichle, Verena. Die Grundgedanken des Buddhismus. Frankfurt am Main: Fischer Taschenbuch Verlag GmbH, 2000. S. 52
120 Jaspers, Karl. 1951. S. 351

Weg zur Wahrheit gefunden hatte, versuchte er diesen zu lehren um anderen Menschen diesen Weg zu zeigen. Dieses Lehren ist somit vergleichbar mit einem Zurückkommen aus der Natur und einem In-Kommunikation-Treten mit anderen Menschen.

4.4. Exkurs: Karl Jaspers in Differenz zu Martin Heidegger

4.4.1. Bedeutungen des Begriffs „Dasein" bei Karl Jaspers

Wenn Karl Jaspers vom Dasein spricht, dann ist seine Definition dieses Terminus' keineswegs einheitlich in seinem philosophischen Werk. Die vorangegangenen Kapitel haben bereits eine Bedeutung von Dasein als die unterste Seinsstufe dargelegt[121]. Bloßes Dasein bezeichnet hier das Instinkt- und Triebbedingte im Menschen, der auf dieser Stufe nur seinem Willen zur Lebenserhaltung folgt. Obwohl Jaspers das Dasein als die unterste Seinsdimension ansetzt und sie einen niedrigeren Rang einnimmt als die auf sie folgenden Stufen, müssen die Seinsweisen im Zusammenhang gesehen werden. Jede von ihnen ist elementar für den Menschen; denn jede führt zur nächst höheren Dimension, keine kann übersprungen werden. Ohne die vitale Stufe des bloßen Daseins gäbe es somit auch keine Weise der Existenz, weil diese auf die niedrigere Stufe aufbaut.

Dasein als unterste Seinsstufe ist allerdings nur eine Bedeutung des Begriffs. Jaspers benennt mit dem Terminus Dasein in einem umfassenden Sinn alles „Seiende (als solches) als ‚das Vorkommende' und als ‚das empirisch Erfahrbare'[122]". „Welt als Dasein ist für das Wissen nur eine spezifische Wirklichkeit als Leben und Bewußtsein neben dem Unlebendigen, das nicht selbst Welt als Dasein ist, sondern in dieser vorkommt[123]". Gewissermaßen hat alles in der Welt Vorkommende sowie die Welt selbst Dasein. Dasein kann hier also als das empirisch Seiende gesehen werden, das Gegenstand der Erfahrung werden kann.

Darüber hinaus erhält der Begriff Dasein bei Jaspers noch eine weitere, dritte Konnotation. Er bezeichnet das Ich des Menschen, sein empirisches Dasein. „Der Mensch ist als das Dasein, in dem mögliche Existenz sich

---

121 Vgl. Kapitel 4.1.2., S. 38-39
122 Räber, Thomas. Das Dasein in der „Philosophie" von Karl Jaspers. Eine Untersuchung im Hinblick auf die Einheit und Realität der Welt im existentiellen Denken. Berlin: A. Francke AG. Verlag, 1955. S. 30
123 Jaspers, Karl. Philosophie I. Philosophische Weltorientierung. München: R. Piper GmbH & Co. KG, 1994. S. 70-71

erscheint; [...]¹²⁴". Anders als das bloße Vorkommen in der Welt, das objektive Erscheinung darstellt, erhält das Dasein im Menschen – im Denkenden also – eine subjektive Note. Dasein als empirisches Dasein des Menschen darf allerdings nicht mit der Bedeutung von Dasein als erster Seinsstufe verwechselt werden. Beide Bedeutungen des Begriffes beziehen sich zwar auf den Menschen, allerdings wird er einmal in seiner Daseinserhaltung begriffen, das andere Mal als bloßes empirisches Faktum.

Ähnlich wie der Begriff des Daseins erscheint auch der der Existenz problematisch in Jaspers' Philosophie. Existenz stellt die höchste Seinsstufe dar, auf der der Mensch sich in seinem Ursprung bewusst wird und die Spaltung von Subjekt und Objekt hinter sich lässt¹²⁵.

> Das Sein, das – in der Erscheinung des Daseins – nicht ist, sondern sein kann und sein soll und darum zeitlich entscheidet, ob es ewig ist. Dieses Sein bin ich selbst als Existenz. Sie bin ich, sofern ich mir nicht selbst Objekt werde. [...] Aus ihrer Möglichkeit lebe ich; nur in ihrer Verwirklichung bin ich ich selbst. [...] Nicht mein Dasein also ist Existenz, sondern der Mensch ist im Dasein mögliche Existenz. [...] Dasein als Sein lebt und stirbt; Existenz weiß keinen Tod, sondern steht zu ihrem Sein im Aufschwung oder Abfall. Dasein ist empirisch da, Existenz nur als Freiheit¹²⁶.

Jaspers gibt in seinem Gesamtwerk zwei verschiedene Wege zum Erreichen der Seinsstufe der Existenz an, die schon einige Male angedeutet wurden, an dieser Stelle nun allerdings deutlich ausgeführt werden sollen.
In seinem Werk „Psychologie der Weltanschauungen", das 1919 veröffentlicht wurde, präsentiert Jaspers zum ersten Mal sein Konzept der Grenzsituationen¹²⁷. Kurz gesagt: Diese Grenzsituationen führen dem Menschen eine bestimmte Grenze vor Augen, angesichts derer er eine tiefe Auswegslosigkeit empfindet, die ihn entweder abstürzen oder zur Existenz aufsteigen lässt.
Im Jahre 1932 veröffentlicht Karl Jaspers sein dreibändiges Werk „Philosophie", in dem er das Konzept der Grenzsituationen erneut aufgreift und ihm gleichzeitig einen anderen Weg zum Aufschwung zur Existenz zur Seite stellt. Er erweitert seine Theorien von der Existenz um die Dimension der Zwischenmenschlichkeit wie das vorangegangene Kapitel bereits gezeigt hat. Existenz kann nicht mehr nur durch das Erlebnis von Grenzsituationen des Einzelnen erreicht sondern nur in der Kommunikation verwirklicht werden. Jaspers-Interpreten deuten diesen Widerspruch oftmals

---

124   Jaspers, Karl. Philosophie I. 1994. S. 38
125   Vgl. 4.1.2., S. 39-40
126   Jaspers, Karl. Philosophie II. 1994. S. 1-2
127   Was es mit den Grenzsituationen auf sich hat, wird das nächste Kapitel zeigen.

als aufeinander aufbauende Konzepte. Das Erfahren von Grenzsituationen mache den Menschen erst offen für die existentielle Kommunikation, in der er sich schließlich zur Existenz aufschwingt[128]. Allerdings scheint folgendes Zitat dieser Theorie zu widersprechen: „Grenzsituationen erfahren und Existieren ist dasselbe[129]". Der Jaspers-Interpret Kurt Salamun schlägt vor die beiden Konzepte zur Existenzverwirklichung als zwei verschieden Stränge zu sehen, die ihre Berechtigung haben.

> Vielleicht wollte er aber diese Frage [...] bewußt offen lassen, um indirekt darauf hinzuweisen, daß diese beiden grundsätzlichen Möglichkeiten menschlicher Existenzverwirklichung in der Komplexität des Lebens auf mannigfache Weise aufeinander bezogen sind, So etwa, wenn im Dasein ein und desselben Menschen der Aufschwung zu den erfüllten Augenblicken der Existenzverwirklichung das einemal [sic!] im Erleben von Grenzsituationen erfolgt, das anderemal [sic!] in existentieller Kommunikation; [...][130].

4.4.2. Das „Dasein" bei Martin Heidegger

Da zentrale Begriffe sogar in Karl Jaspers' eigener Philosophie nicht eindeutig oder mehrfach definiert sind, ist es nicht verwunderlich, dass es große Differenzen innerhalb der Strömung der Existenzphilosophie gab. Als Beispiel sei hier Martin Heidegger genannt, der sich selbst allerdings gegen eine Bezeichnung als Existenzphilosophen wehrte. In seinem philosophischen Konzept spielen die Begriffe Dasein und Existenz ebenfalls eine zentrale Rolle, wenn sie auch in völlig anderem Sinn verwendet werden. Untersucht werden hierbei die Begriffsdefinitionen nur bis zu Martin Heideggers sogenannter „Kehre", nach der er sich weniger mit dem Sein des Menschen als mit dem Sein als solchen beschäftigte.

Heideggers Begriff des Daseins stellt ein Seiendes dar, das eine Vorrangstellung bei dem „gewöhnlich" Seienden einnimmt. Dem Dasein nämlich geht es in seinem Sein um dieses Sein selbst; es steht zu seinem Sein also in einem Verhältnis. „Das Dasein hat vielmehr gemäß einer zu ihm gehörigen Seinsart, die Tendenz, das eigene Sein aus dem Seienden her zu verstehen, zu dem es sich wesenhaft ständig und zunächst verhält, aus der ‚Welt'[131]". Dem Dasein ist das eigene Sein also erschlossen. Mit dem Dasein ist das Sein des Menschen gemeint, der Seinsverständnis besitzt, in dem ihm die Möglichkeit des Fragens gegeben ist. Der Mensch ist also ein Sein, dem es immer nur um das Dasein geht. Das bedeutet, dass er

---

128 Vgl. Salamun, Kurt. 1985. S. 70
129 Jaspers, Karl. Philosophie II. 1994. S. 204
130 Ebd. S. 72
131 Heidegger, Martin. Sein und Zeit. Tübingen: Max Niemeyer Verlag, 1967. S. 15

an seiner Existenz[132] interessiert ist. Allerdings spricht Heidegger an dieser Stelle von der Seinsvergessenheit des Menschen, der immer nach dem Seienden und nie nach dem Sein fragt. „Die Endlichkeit des Daseins – das Seinsverständnis – liegt in der Vergessenheit[133]". Um das Dasein der Vergessenheit zu entreißen, bemüht Heidegger sich um eine Daseinsanalytik, die er Fundamentalontologie nennt. Da das Dasein des Menschen erst seine Bedeutung durch das Faktum des Existieren in einer bestimmten, konkreten Situation erhält, kann der Mensch nicht durch Kategorien im Sinne Kants oder Aristoteles' analysiert werden. Heidegger nennt diese alten Kategorien deshalb Existenzialien um die Tatsache des konkreten Existierens auszudrücken. Zu den wichtigsten Existenzialien zählen die Sorge, das In-der-Welt-Sein, die Befindlichkeit und die Verfallenheit an das Man[134].

Heideggers Begriff von Dasein findet in Jaspers' Philosophie nicht ihr Gegenstück. Auch wenn Karl Jaspers dem Dasein in einem Fall die Bedeutung des Ichs des Menschen zuteilt, ist dies keinesfalls vergleichbar mit Heideggers Dasein, das durch Seinsverständnis ausgezeichnet ist. Heideggers Dasein spricht mitsamt seinen Existenzialien den Menschen in seiner Gesamtheit, das heißt in seiner konkreten Situation an. Dasein bedeutet Seinsverhältnis und -verständnis. Der Mensch ist sich im Dasein seiner selbst bewusst; er bezieht sich auf sich selbst, stellt sich in Frage — kurz gesagt, er reflektiert über sein Dasein.

Für Jaspers hingegen spielt Seinsbewusstsein keine Rolle für das Dasein. Wie im vorigen Kapitel dargestellt erhält der Terminus Dasein bei Jaspers drei verschiedene Bedeutungen. Während er sich zum einen auf das bloße Vorhandensein der Gegenstände in der Welt bezieht, hat er in den anderen beiden Fällen mit dem Menschen zu tun: einmal auf der Seinsstufe des bloßen Daseins, zum anderen als Sein des Menschen. Wie oben ausgeführt ist Seinsbewusstsein bzw. Selbstbewusstsein für den Menschen weder auf der Stufe des bloßen Daseins noch als bloß gegebenes, empirisches Faktum relevant. Reflexion und der Bezug zum eigenen Ursprung ist ja gerade das, was Jaspers' Aufschwung zur Existenz kennzeichnet.

---

132 Mit Existenz ist hiermit die Tatsache gemeint, dass es den Menschen schlicht und einfach gibt.
133 Heidegger, Martin. Kant und das Problem der Metaphysik. Frankfurt am Main: Vittorio Klostermann GmbH, 1973. S. 233
134 Eine genaue Darstellung dieser Existenzialien, die in Heideggers Fundamentalontologie herausgearbeitet wurden, würde den Rahmen dieser Arbeit sprengen. Die Ausführungen dazu finden sich in: Heidegger, Martin. 1967. S. 114-226

Der gravierendeste Unterschied zwischen Jaspers' und Heideggers Daseinsbegriff liegt wohl in der Analytik. Jaspers verwehrt sich gegen eine Analyse des Seins, die Heidegger ja in seiner Fundamentalontologie vornimmt. Existenz und Sein an sich sind für Jaspers nicht objektivierbare, nicht rational einsehbare Prinzipien.

> Ontologie muß zerfallen. Denn das Wissen vom Dasein ist auf Weltorientierung, das gegenständliche Wissen überhaupt ist auf mögliche Denkbestimmungen in einer Kategorienlehre begrenzt; das Wissen in Existenzerhellung hat sein Wesen durch Appell an Freiheit, nicht durch Haben eines Resultats; [...]. Mit der Einsicht in die Zerrissenheit des Seins für mich, sofern ich Dasein und mögliche Existenz bin, hört das Verlangen nach Ontologie auf, um sich in den Impuls zu verwandeln, das Sein, das ich nie als Wissen erwerben kann, durch Selbstsein zu gewinnen[135].

---

135   Jaspers, Karl. Philosophie III. 1994. S. 160

5. Das wahre Selbst beziehungsweise die wahre Subjektivität

Die vorliegende Arbeit hat bis zu dieser Stelle vor allem die Positionen des Selbst bzw. der Existenz beleuchtet. Nun soll das Hauptaugenmerk auf die Erreichung eines Zustandes des Selbst und des Ichs gelegt werden, bei dem diese ihre Schranken überwinden und zu ihrem wahren Ausdruck gelangen können.

Wie bereits bekannt ist Karl Jaspers' höchste Form des Ichs die Existenz. Ein Weg zum Aufschwung zum Seinsmodus der Existenz wurde bereits anhand der existentiellen Kommunikation diskutiert[136]. Der Philosoph schlägt allerdings bekannterweise noch einen zweiten Weg vor, bei dem das Ich den Status der Existenz erlangen kann. Es handelt sich hierbei um Jaspers' berühmtes Konzept der Grenzsituationen, bei denen der Mensch entweder ins Leere stürzt oder sich zur höchsten Seinsstufe aufschwingen kann.

Nishida Kitarō spricht vom wahren Selbst, in dem sich die Einheit von Subjekt und seiner Umwelt nachhaltig manifestiert[137]. Wie im 4. Kapitel dargestellt, nennt Nishida verschiedene Möglichkeiten des oberflächlichen Bewusstseins zum wahren Selbst, das er auch mit dem göttlichen Selbst gleichsetzt, zu gelangen. Im Rahmen dieses Kapitels ist die Möglichkeit mit Hilfe der Religion „aufzusteigen" die essentielle.

Nishidas Konzept der Religion und Jaspers' Grenzsituationen – beide also Möglichkeiten um zum wahren Selbst bzw. zur Existenz zu gelangen – weisen ähnliche Inhalte und Strukturen auf. Interessant ist, dass beide Philosophen von Widersprüchen in der Welt und im Menschen ausgehen, die die Grundproblematik des menschlichen Seins bedingen. Aufbauend auf diese Widersprüche stellen Nishida und Jaspers ihre Theorien bezüglich der Erlangung eines höheren Seinsgrades bzw. zur Innewerdung des wahren Selbst auf.

Es ist besonders Jaspers' Grenzsituation des Todes, die eine Parallele in Nishidas Gewahrsein des Todes findet. Der Nishida-Interpret Paul Mafli geht sogar so weit den Begriff Grenzerfahrung in Zusammenhang mit Nishida zu nennen: „Oft wird der Tod als die Negation des eigenen biologischen Lebens verstanden, als absolute Grenzerfahrung, die in uns zum Erwachen des Glaubens oder aber zur Einsicht in die Absurdität unserer Existenz führen kann[138"]. Der Terminus Grenzerfahrung ist ein heute weit-

---

136 Vgl. Kapitel 4.3.
137 Vgl. Kapitel 4.1.1.
138 Mafli, Paul. Nishida Kitarôs Denkweg. München: Iudicium, 1996. S. 330

läufig gebrauchter Begriff, dessen ursprüngliche Bedeutung selten zum Tragen kommt. Die vorliegende Arbeit unterscheidet strikt zwischen Jaspers' Begriff von Grenzerfahrung oder Grenzsituation und Nishidas Gewahrsein des Todes. Wie sich noch herausstellen wird, steckt hinter den genannten Termini eine Jasperssche Komponente, die sich bei Nishida nicht finden lässt. Damit ist gemeint, dass der Jasperssche Terminus der Grenzsituation nicht in Zusammenhang mit Nishidas Philosophie unkritisch übernommen werden kann. Trotzdem lassen sich konzeptuelle Ähnlichkeiten erkennen, die im Folgenden erläutert werden sollen.

Nishidas Konzept des Todes ist eng verwurzelt mit seiner Theorie der Religion, die allerdings nicht in westlichem Sinn missverstanden werden darf. Die folgenden Kapitel werden zeigen, dass Nishidas Begriff der Religion eine viel existentiellere, dem Sein zugehörigere Position einnimmt als es in der westlichen Kultur gebräuchlich ist. Ob Jaspers' Existenz völlig ohne Religion auskommt oder ob diese ebenfalls eine Komponente in seiner Philosophie ausmacht, soll hier untersucht werden.

Interessant in diesem Zusammenhang sind Jaspers' Anspielungen auf den Buddhismus, auf Nishidas kulturell-religiösen Hintergrund. Obwohl Jaspers' Theorie der Grenzsituationen an einigen Stellen dem Buddhismus nahe stehend klingt, wehrt der Philosoph Parallelen ab und stellt seine Philosophie sogar im Gegensatz dazu dar.

Im Anschluss soll Nishidas religiöses Konzept noch einmal aufgegriffen werden. Teilweise lassen sich in seiner Theorie Hegelianische Züge oder Theorien von Sören Kierkegaard vermuten. Dessen ist Nishida Kitarō sich auch bewusst. Das Wichtige daran ist allerdings, dass Nishida sogleich jede Ähnlichkeit mit den genannten Philosophen zunichte macht.

> The paradox of the absolute will be taken as a species of pantheisic mysticism by those who understand it from the standpoint of substance logic. To them I reply that this logic of the contradictory identity of the absolute is a ‚negative theology' in an entirely different framework. [...] it is decidedly not a dialectic of substance that becomes subject in the Hegelian sense[139].

Da Nishida den Unterschied seines Konzepts gegenüber denen der westlichen Philosophen so stark betont, sei ein Kapitel dieser Differenz im Religionsbegriff gewidmet.

---

139   Nishida, Kitarō. Last writings. Nothingness and the religious worldview. Translated with an introduction by David A. Dilworth. Honolulu: University of Hawaii Press, 1993. S. 70-71

5.1. Widersprüchlichkeiten des Seins

Der Jasperssche Mensch steht immer in Situationen. Jeder Weg, den er geht, ist schon immer von einer bestimmten Perspektive geprägt.

> Situation heißt eine nicht nur naturgesetzliche, vielmehr eine sinnbezogene Wirklichkeit, die weder psychisch noch physisch, sondern beides zugleich als die konkrete Wirklichkeit ist, die für mein Dasein Vorteil oder Schaden, Chance oder Schranke bedeutet[140].

Das Individuum erlebt also seit seiner Geburt, Momente, die es aufgrund seiner Herkunft, seiner Erziehung und seinen Erfahrungen deuten und sich zu ihnen verhalten muss. Da mein Ich dementsprechend völlig verschieden von jedem anderem Ich ist, beurteile ich jede Situation anders als die anderen Menschen.

Das Dasein ist somit immer ein Sein in Situationen; „weil Dasein ein Sein in Situationen ist, so kann ich niemals aus der Situation heraus, ohne in eine andere einzutreten[141]". Diese Situationen dürfen allerdings nicht als vom Schicksal vorgegebene Zustände verstanden werden. Jede von ihnen ruft den Menschen zu einem Verhalten auf; jeder Mensch ist allerdings dazu fähig die jeweilige Situation zu überblicken und sich Orientierung zu verschaffen. Im Werk „Die geistige Situation der Zeit" führt Jaspers an, dass dieses Überblicken der Situation heißt „ihrer Herr zu werden[142]".

Der Mensch ist somit in keiner Weise diesen Situationen, in denen er sich befindet, ausgeliefert. Er kann zwar nicht aus ihrer Struktur heraustreten, aber - er kann sie durch sein Verhalten und seine Handlungen ändern: „Ich muß Situationen zwar erleiden als Gegebenheit, doch nicht schlechthin; [...][143]"

- oder bestimmte Situationen auch bewusst herbeiführen: „[...] es bleibt in ihnen eine Möglichkeit der Verwandlung auch in dem Sinne, daß ich berechnende Situationen herbeiführen kann, um in ihnen dann als nunmehr gegebenen zu handeln[144]". Im Folgenden nennt Jaspers solche Situationen, die bewusst herbeigeführt werden können als technische, juristische und politische Veranstaltungen.

Eine ganz besondere Art von Situationen stellen die Grenzsituationen dar. Da diese im folgenden Kapitel ausführlich dargestellt werden, soll hier nur eine kurze Übersicht ihres Wesens gegeben werden. Grenzsituationen

---

140 Jaspers, Karl. Philosophie II. 1994. S. 202
141 Ebd. S. 203
142 Jaspers, Karl. 1965. S. 22
143 Jaspers, Karl. Philosophie II. 1994. S. 202
144 Ebd. S. 202

sind in etwa mit Grundsituationen unseres Daseins zu vergleichen, weil sie eng mit unserem Sein als solches verknüpft sind. Der Begriff beinhaltet das Wort „Grenze", was schon seine Eigenschaft vermittelt. Das Ich ist vor eine Grenze, vor eine Schranke gestellt, bei der es schlicht und einfach „ansteht". Keine der üblichen Handlungsweisen zum Verändern der Situationen greifen im Fall der Grenzsituationen. Der Mensch ist hier eindeutig an seine Grenze gestoßen, bei der er mit seinen herkömmlichen Methoden scheitern muss. Hat er im Fall einer „herkömmlichen" Situation versucht diese zu überblicken und somit „ihrer Herr zu werden", so muss er erkennen, dass eine Grenzsituation keinen Überblick zulässt. Grenzsituationen sind nicht zu verändern.

> Grenzsituation ist nicht mehr Situation für das Bewußtsein überhaupt, weil das Bewußtsein als wissendes und zweckhaft handelndes sie nur objektiv nimmt, oder sie nur meidet, ignoriert und vergißt; [...] Denn das Dasein als Bewußtsein begreift nicht den Unterschied; es wird von den Grenzsituationen entweder nicht betroffen oder als Dasein ohne Erhellung zu dumpfem Brüten in der Hilflosigkeit niedergeschlagen. Die Grenzsituation gehört zur Existenz, wie die Situationen zum immanent bleibenden Bewußtsein[145].

Die Schwierigkeit des Umgangs mit der Grenzsituation beruht also auf ihrem sich der Objektivität entziehenden Charakter. Solange das Ich nur objektiv analytisch vorgeht, stößt es an eine Wand. Nur wenn das Individuum sich als Existenz begreift, kann es mit der Grenzsituation umgehen.

Karl Jaspers nennt einzelne Grenzsituationen, die im folgenden Kapitel diskutiert werden. Gegenwärtig soll auf die umfassendste Grenzsituation eingegangen werden, die alle anderen in sich einschließt. Es handelt sich hierbei um die Grenzsituation der *Fragwürdigkeit allen Daseins und der Geschichtlichkeit des Wirklichen überhaupt.*
Diese allgemeine Grenzsituation besagt, dass die Struktur der Welt sowie des Daseins antinomisch ist; Widersprüche tauchen auf, die sich nicht überwinden lassen. Beispiele für Widersprüche finden sich in den einzelnen Grenzsituationen wie Tod, Leiden, Kampf und Schuld. Dem Leben ist immer der Tod gegenübergestellt, dem Leiden die Lust; die Freiheit ist an Abhängigkeit geknüpft, die Kommunikation an Einsamkeit[146]. Jede Handlung, die ich setze und jede Entscheidung, die ich treffe, hat ihr Gegenteil. Laut Karl Jaspers sind diese Widersprüche im Dasein die Auslöser für die existentiellen Probleme des Menschen.
Jedes Individuum ist von den Antinomien betroffen; niemand kann sich ihnen entziehen. Jaspers zeigt in seiner Abhandlung „Psychologie der

---

145 Jaspers, Karl. Philosophie II. 1994. S. 203
146 Vgl. ebd. S. 249-251

Weltanschauungen" auf, dass trotzdem nicht jeder Mensch auf die Widersprüche in der Form reagiert, dass er sie als Grenzsituation wahrnimmt. „Diese Widerstände werden vielfach als zufällig, vermeidbar, überwindbar erlebt und aufgefaßt; als solche sind sie endlichen Charakters und bilden keine Grenze[147]".
Fasst der Mensch die Widersprüche nun als zufällige und vermeidbare Komponenten auf, so weicht er ihnen aus. Jaspers führt im Werk „Philosophie II" an, dass Individuen, die sich auf diese Weise den Antinomien entziehen möchten, beide gegensätzlichen Pole gelten lassen[148]. Als Beispiel sei der Gegensatz von „gut" und „böse" genannt. Die Struktur der Welt gibt diese beiden Pole vor, und der Mensch hat sich für eine Seite zu entscheiden. Natürlich führt Jaspers keine Schwarz-Weiß-Malerei an; die menschliche Gesinnung pendelt zwischen den Polen. Aber sie muss sich in der Zone zwischen „gut" und „böse" einreihen; eine Alternative zu den beiden Extremen existiert nicht. Lässt ein Mensch nun beide Pole gelten und beurteilt er nicht, so betrachtet er die Welt nur, nimmt aber nicht an ihr teil.

> [...] mein Leben, statt in ihm ich selbst zu werden, fließt gleichsam hindurch, in spielendem Schaum schöne Bilder blickend, aber ohne Substanz in sich, weil ohne ausschließende geschichtliche Bestimmtheit[149].

Da die Welt aus antinomischen Strukturen besteht, kann der Mensch, der sich den Antinomien entzieht kein Existierender sein.

Ein weiterer, ebenfalls falscher Umgang mit den Widersprüchen zeigt sich am Beispiel des Wollens. Jedes Wollen schließt ein Nicht-Wollen mit ein: Ich will ein bestimmtes Ziel erreichen, aber ich will die Konsequenz nicht. Hier ist eine Entscheidung vonnöten, angesichts derer Individuen allerdings oft verzweifeln und in Unsicherheit geraten, die jede Handlung lähmt.
Was das Leiden betrifft, so wird dies oftmals bekämpft.

> Man bekämpft das Leiden unter der stillschweigenden Voraussetzung, daß es vermeidbar, und daß es aufhebbar ist. In vielen Fällen kleinen Leidens hat man Erfolg. Und von da her bilden sich Gedanken – zumal in primitiven Stufen des Geistes –, auch den anscheinend unvermeidlichen Leiden: Tod, Krankheit usw. beizukommen. Ohne Bewußtsein der Antinomien und der Grenzen werden metaphysisch-mythische Weltbilder zu magischem Handeln benutzt[150].

---

147   Jaspers, Karl. Psychologie der Weltanschauungen. 1960. S. 230
148   Jaspers, Karl. Philosophie II. 1994. S. 251
149   Ebd. S. 251
150   Jaspers, Karl. Psychologie der Weltanschauungen. 1960. S. 250

Angesichts der Widersprüchlichkeit des Daseins wird der Mensch aus seinem alltäglichen Dasein herausgerissen. Es liegt am Individuum selbst ob es die Situation als vermeidbare auffasst und ihr somit ausweicht oder ob sie als Grenzsituation erkannt und ihr existentielle Bedeutung zugeschrieben wird.

Nishida Kitarō geht ebenfalls davon aus, dass Widersprüchlichkeiten des Daseins das seiende Sein problematisch werden lassen. Wenn Sorgen und Widersprüche im Sein auftauchen, erhebt sich erst die Frage nach der Religion und nach der Philosophie, die beide tief mit dem Sein als solchen verbunden sind. Die meisten Gegensätze, die er anführt, kommen nicht von außen auf das Selbst zu sondern sind Manifeste seiner eigenen Beschaffenheit.

Nishida differenziert die biologische Welt von der physischen und der geschichtlichen. Die physische Welt stellt die materielle, rein mechanische Dimension dar. Hier existieren keine Lebewesen sondern nur Körper, die von den Naturgesetzen wie Schwerkraft oder Druck beherrscht werden. Da in der physischen Welt keine seienden Wesen existieren, die sich entwickeln und daher Zeit bestimmen können, ist diese Ebene eine des Nebeneinanders von Körpern. Es handelt sich also um die Koexistenz von Objekten, die somit das Moment des Raumes darstellen.

Die biologische Welt drückt sich durch die zeitliche Einzigartigkeit der Lebewesen in ihr aus. „Each pulsation of life is a unique event in time, which is an order of duration. Each pulsation of life, each formation of life, perishes, while the organism or the biological world endures[151]". Die biologische Welt ist eine des Entstehens und des Vergehens, was bedeutet, dass sie eine zeitliche Dimension voraussetzt. Nishida nennt die Tiere als die Lebewesen der biologischen Welt. Sie sind zwar in stärkerem Maße als die Körper der physischen Welt selbstbestimmt, allerdings weisen sie noch keine vollkommene Individualität auf. Der tierische Organismus entwickelt seinen eigenen Zweck und seine eigene Absicht in sich selbst; er ist somit nicht von äußeren Faktoren beherrscht. „That is why the biological world is conceivable in teleological terms[152]". Allerdings herrscht Individualität nur in eingeschränktem Maße vor. Tiere gehören zu bestimmten Gattungen und weiteren Unterordnungen, die sich untereinander verschieden entwickeln aber kaum Differenzen innerhalb der jeweiligen Gruppe aufweisen. Außerdem kann auch die biologische Welt sich nicht über die Naturgesetze und Instinkte erheben und ist somit in einen physischen Rahmen eingebettet.

---

151 Nishida, Kitarō. Last writings. 1993. S. 50
152 Ebd. S. 50

Dieses Ineinanderübergehen von physischer und biologischer Welt zeichnet sich in einer „contradictory identity[153]", in einer widersprüchlichen Identität, ab.
Nishida sieht die geschichtliche Welt als die des Menschen an. Sie ist schöpferisch und selbstbestimmt, wie Rolf Elberfeld es bezeichnet[154]. In dieser Dimension hebt sich das Einzelne aus dem Vielen heraus. Nicht mehr Gattungen zählen, sondern das Individuum, das sich aufgrund seiner Geschichtlichkeit selbst formiert. Trotzdem ist der Mensch auch in die biologische Welt eingebunden wegen der schlichten Tatsache, dass er einen (biologischen) Körper besitzt. Dadurch stellt sich auch der Mensch als teleologisches Wesen dar, das gemäß seiner Gattung agiert. „But we do not merely act teleologically, or socio-specifically. We act in our human-historical individuality, with individual purpose and self-awareness [...][155]".

Nishida stellt zwar dar, dass der Mensch, insofern er nur auf das Physisch-Materielle reduziert wird, nicht als Lebewesen bezeichnet werden kann. Trotzdem darf die Wichtigkeit der Physik bzw. allgemein der Naturwissenschaften für Nishidas Philosophie nicht übersehen werden. Sein Ziel war es ein vielfältiges, umfassendes, philosophisches System aufzustellen, das auch Erkenntnisse der Einzelwissenschaft als wesentliche Bestandteile mit einbezog. Er schätzte die Naturwissenschaften, darunter vor allem die Mathematik, wegen ihren genauen und widerspruchsfreien Lösungen.

Die Tatsache, dass der Mensch verwoben ist mit der biologischen Welt zeichnet seine existentielle Widersprüchlichkeit aus. Darüber hinaus existiert bereits – wie oben dargestellt – ein Übergreifen der physischen zur biologischen Welt, was bedeutet, dass der Mensch nun ein Verwobenes aller drei Welten ist.

Die absolut widersprüchliche Selbstidentität des Menschen wird ausgedrückt durch seine Teilhabe an der Natur sowie an der Welt des Menschen. Als Teil der biologischen und somit auch der physischen Welt spiegelt er die (Um-)Welt in sich wider. Jeder Akt, den das Selbst nun setzt, ist widersprüchlich in der Art, dass er die Welt reflektiert (als Teilhaber der biologischen und physischen Welt) und sich selbst zugleich in der

---

153 Nishida, Kitarō. Last writings. 1993. S. 50
154 Vgl. Elberfeld, Rolf. 1999. S. 167-172
155 Nishida, Kitarō. Last writings. 1993. S. 51

Welt reflektiert (als Teilhaber der geschichtlichen Welt). „We express the world as the world's individual acts; and each individual act has its own unique position as a self-forming individual[156]".

Wie Jaspers so sieht auch Nishida den wohl größten und schwerwiegendsten Widerspruch in der Tatsache unserer Sterblichkeit. Das Paradox liegt dabei schon im folgenden Satz selbst begraben: „Every living being must die [...][157]". In diesem Satz steht das Leben schon dem Tod gegenüber. Es kann kein Leben ohne Tod geben, weil das Leben immer schon seinen Gegensatz provoziert, da das Leben nicht es selbst wäre ohne seinen konträren Pol.

Nishida erfasst den Widerspruch von „gut" und „böse" von „Gott" (dem Absoluten) her, weil der Mensch als dessen Ebenbild Gottes absolute Umfassung der Prinzipien in relativer Form wiedergibt. Doch dazu sei in den folgenden Kapiteln Genaueres gesagt.

5.2. Philosophie des Todes

5.2.1. Die Beschaffenheit der Grenzsituation

Das vorangegangene Kapitel hat gezeigt, dass Grenzsituationen in Karl Jaspers' Verständnis nicht überschaubare Situationen sind, mit denen jedes Individuum im Laufe seines Lebens konfrontiert wird. Die Souveränität, die der erfahrene Mensch im Umgang mit anderen Situationen erlangt hat, schwindet angesichts der Macht einer Grenzsituation; denn alle üblichen Muster und Herangehensweisen zum Bewältigen von Konflikten versagen hier.

Um eine einzelne Grenzsituation herauszunehmen und mit ihrer Hilfe ihre Problematik darzustellen, sei die Grenzsituation des Todes genannt. Mehr und mehr hat sich im alltäglichen Bewusstsein der Anschein heraus kristallisiert, dass die Verzweiflung angesichts des Todes schon eine Grenzsituation widerspiegelt. Die Verzweiflung und die Angst vor dem Tod ist es aber gerade nicht, was ihn zu einer Grenze macht.

> Der Tod als objektives Faktum des Daseins ist noch nicht Grenzsituation. Für das Tier, das nichts vom Tode weiß, ist sie nicht möglich. Der Mensch, der weiß, daß er sterben wird, hat dieses Wissen als Erwartung für einen unbestimmten Zeit-

---

156 Nishida, Kitarō. Last writings. 1993. S. 53
157 Ebd. S. 68

punkt; aber solange der Tod für ihn keine andere Rolle spielt als nur durch die Sorge, ihn zu meiden, solange ist auch für den Menschen der nicht Grenzsituation[158].

Die Angst vor dem Tod verursacht die Sorge ihm unbedingt auszuweichen. Eine solche Haltung impliziert allerdings, dass der Mensch den Tod als etwas begreift, das er vermeiden kann. Der Mensch weiß zwar objektiv vom Tod, aber er verdrängt jede Vorstellung daran und führt sein Leben fort in der naiven Annahme, dass es zeitlich unbegrenzt sei. Erst wenn das Ich angesichts des eigenen Todes oder des Todes eines Nahestehenden existentiell, das heißt das eigene Sein mit seinem souveränen Wert- und Zielvorstellungen erschüttert, begreift es seine Zeitlichkeit und damit seine Einmaligkeit.

Eine Grenzsituation erfahren bedeutet also durch einen immensen Zusammenbruch aller vorgefassten Haltungen, Ideale und Werte im Kern seines Seins zu erfahren, dass diese spezifische Situation nicht zu meistern ist.

Da das Erfahren einer Grenzsituation das Individuum völlig aus dem Gleichgewicht wirft, hat es gleichzeitig die Möglichkeit angesichts seines Werteverlusts und der Fragwürdigkeit allen Daseins sich mit der Beschaffenheit seines eigenen Selbst zu befassen und so zur Seinsweise der Existenz aufzusteigen. Grenzsituation kann also als Möglichkeit aufgefasst werden „die Welt [...] nicht nur Gegenstand des Wissens" sein lassen zu können, „den ich mir gleichgültig bleiben lassen darf, sondern in ihr [...] das mir eigene Sein, in dem ich erschüttert bin[159]".

5.2.2. Tod, Leiden, Kampf und Schuld bei Karl Jaspers

Karl Jaspers nennt vier konkrete Arten von Grenzsituationen und eine allgemeine, die weiter oben bereits angeführt worden ist. Im Folgenden sollen diese zum besseren Verständnis kurz dargestellt werden.

Die einzelnen, konkreten Grenzsituationen

1) Der Tod

Da die Grenzsituation des Todes das nächste Kapitel in Gegenüberstellung zu Nishida Kitarō einnehmen wird, soll sie in im Rahmen dieser Aufstellung nicht behandelt werden.

---

158   Jaspers, Karl. Philosophie II. 1994. S. 220
159   Ebd. S. 205

2) Das Leiden

> Das Heer der Leiden, die in manchen Situationen sich in den Vordergrund drängen, in anderen souverän übergangen, aber doch nie ignoriert werden können, ist unübersehbar. Die körperlichen Schmerzen, die immer wieder ertragen werden müssen; – die Krankheiten, welche nicht nur das Leben in Frage stellen, sondern den Menschen lebend unter sein eigenes Wesen sinken lassen; – die ohnmächtige Anstrengung, die zusammenbricht im Willen zur Überwindung und statt des wirklichen Gesichts meines Wesen unvermeidlich ein verzerrtes in die Erscheinung treten läßt; [...][160].

Jedes Individuum ist im Laufe seines Lebens wohl mit einer Form des Leidens konfrontiert, sei es Krankheit, Altern, Sklaverei etc. In der alltäglichen daseinsbezogenen Seinshaltung wird dem Leiden meistens ausgewichen oder es wird rigoros bekämpft. Menschen weigern sich vom Arzt das Faktum ihrer schlimmen Krankheit anzuerkennen, sie ziehen sich vor einem Anderen, der leidet zurück oder sie resignieren angesichts der unausweichlichen Tatsache ihres Leidens. Das andere Extrem bedeutet das Leiden aufs Aggressivste zu bekämpfen und es als etwas Fremdes und Feindseliges zu erachten.

Jaspers führt in dem Werk „Psychologie der Weltanschauungen" vier Typen von Reaktionen an, die das Individuum von der Grenzsituation wegführt anstatt es ihr näher zu bringen. Der *resignierte* Mensch ergibt sich seinem Schicksal und verhält sich zu seinem Leiden und zu seiner Situation völlig passiv. Als Hoffnungsloser ist es ihm unmöglich einen weiteren Sinn und Zweck seines Lebens zu begreifen. Der *weltflüchtige* Mensch gibt jede aktive Teilnahme am Leben auf um „schließlich das Nichts zu erstreben[161]". Völlig gleichmütig zieht er sich aus der Welt zurück und besinnt sich nur auf Gedanken an das Enden des Lebens. Der *heroische* Mensch dagegen steigert sich im Leiden und nimmt sein Schicksal unerbittlich auf sich und „erträgt es, bis er untergeht. [...] Er steht einsam in der Wüste und fühlt von sich Leben und Kraft ausgehen, gerade wenn das Leiden zum äußersten kommt[162]". Der *religiös-metaphysische* Typus glaubt an einen Gott, der ihm zur Seite steht und ihn von seinem Leiden errettet[163].

All diese Typen, die Jaspers beschreibt dienen dazu dem Menschen das Erleben der Grenzsituation unmöglich zu machen. Der Philosoph stellt klar, dass Leiden nur als Sprungbrett zur Seinsstufe der Existenz angese-

---

160 Jaspers, Karl. Philosophie II. 1994. S. 230
161 Jaspers, Karl. Psychologie der Weltanschauungen. 1960. S. 251
162 Ebd. S. 252
163 Vgl. ebd. S. 251-252

hen werden kann, wenn der Mensch es gleichzeitig als unvermeidbar, als zu mir gehörig und doch gleichzeitig als etwas Fremdes begreift.

> Jetzt ergreife ich mein Leiden als das mir gewordene Teil, klage, leide wahrhaftig, verstecke es nicht vor mir selber, lebe in der Spannung des Jasagenwollens und des nie endgültig Jasagenkönnens, kämpfe gegen das Leiden, es einzuschränken, es aufzuschieben, aber habe es als ein mir fremdes doch als zu mir gehörig, [...][164].

3) Der Kampf

Während das Leiden und der Tod Grenzsituationen darstellen, die sich ohne das Zutun des Individuums vollziehen, sind der Kampf und die Schuld, die später angeführt wird, eine mitwirkende Grenzsituation. Obwohl ich den Kampf selbst herbeiführe, kann ich ohne ihn auch nicht existieren.

Der Kampf um das Dasein realisiert sich auf staatlicher Ebene, zwischen bestimmten Gruppen und auf privater Dimension. Als Beispiel dafür nennt Jaspers das Folgende: Jeder meiner Erfolge verkleinert den anderer Menschen[165].

Um sich der Situation des Kampfes zu entziehen, sieht der Mensch Kämpfe als vermeidbar an und entscheidet sich für eine Daseinsform, bei der er auf jede Art von Gewaltanwendung verzichten kann. Da ein solches Dasein aber nur unter großen Einschränkungen möglich ist, ist das Individuum gezwungen sein eigenes Dasein zurück zu stellen. Laut Jaspers aber ist die Vermeidung des Kampfes eine Selbsttäuschung und ein rein utopischer Pazifismus; denn „der lebendige Mensch in antinomischer Synthese [existiert] so auch unvermeidlich kämpfend[166]". Die Grenzsituation des Kampfes realisiert sich also, sobald der Mensch existentiell erfasst, dass Formen von Gewaltanwendungen gegen andere zum Zweck der eigenen Daseinserhaltung unvermeidbar sind.

4) Die Schuld

Die Grenzsituation der Schuld ist als eine Konsequenz des Kampfes zu verstehen. Entscheidungen, dich ich treffe, bringen mir möglicherweise einen Vorteil, für den Anderen allerdings wird sie sich als Schaden herausstellen. Der Mensch steht immer wieder schwierigen Entscheidungen gegenüber, die über seinen Vorteil oder über den eines Mitmenschen

---

164 Jaspers, Karl. Philosophie II. 1994. S. 231
165 Vgl. ebd. S. 235
166 Jaspers, Karl. Psychologie der Weltanschauungen. 1960. S. 259

ausschlaggebend sind. „Jede Handlung hat Folgen in der Welt, von denen der Handelnde nicht wußte. Er erschrickt vor den Folgen seiner Tat, weil er, obgleich er nicht an sie dachte, sich doch als ihren Urheber weiß[167]". Um sich davor zu drücken Schuld am Nachteil eines Anderen zu sein, neigt der Mensch oft dazu Handlungen oder Entscheidungen zu unterlassen. Das Nichthandeln allerdings stellt keine Lösung für das Problem der Schuld dar; denn für jedes Nichteingreifen trägt der Mensch ebenso die Verantwortung.

Die Grenzsituation der Schuld stellt sich erst ein, wenn das Ich seine Handlungen bewusst in Kauf nimmt und Verantwortung für die Konsequenzen trägt. Niemand wird umhin kommen sich irgendwann einer Handlung zu bedienen, die für den Mitmenschen von Nachteil ist. Sehe ich dieser Schuld aber bewusst ins Antlitz und handle dabei ohne dem Anderen absichtlich Schaden zufügen zu wollen, „so nennt er [der Handelnde] sich für seine Tat verantwortlich[168]".

Die allgemeine Grenzsituation

Die Grenzsituation der Fragwürdigkeit allen Daseins und der Geschichtlichkeit des Wirklichen überhaupt
Diese allgemeine Grenzsituation besagt, dass die Struktur des Daseins antinomisch ist. Da sie weiter oben ausführlich behandelt worden ist, sei sie an dieser Stelle nur kurz definiert:

> Man kann denken nur im Unterscheiden, das Denken artikulieren nur in Widersprüchen, die ausgeschaltet werden; die Wirklichkeit erscheint als ein Spiel sich entgegengesetzter Kräfte, die jeweils ein Resultat durch Ausschließung, Ausgleich oder Synthese haben; [...][169].

5.2.3. Der Tod als Grundstruktur des menschlichen Daseins

5.2.3.1. Das Problem der Sterblichkeit

Karl Jaspers betont, dass die Grenzsituation des Todes auf zwei Varianten erfahren werden kann: im Erleben des eigenen Todes oder im Tod des Nächsten. Der Tod eines Nahestehenden bedeutet meist einen tiefen Einschnitt im eigenen Leben; der Sterbende muss seinen Weg allein gehen; denn ihm kann nicht gefolgt werden.

---

167 Jaspers, Karl. Philosophie II. 1994. S. 246
168 Ebd. 1994. S. 248
169 Ebd. S. 249

Der eigene Tod kann natürlich nur in Form von Schmerzen/Leiden nachvollzogen werden oder in der Angst vor dem Sterben. Verliert die Welt angesichts seines eigenen oder des Todes eines Anderen jede Bedeutung, so haftet der Mensch hier nur an der Dauer des Lebens und versinkt im bloßen Dasein. „Ich verliere mich in der bloßen Erscheinung, wenn ich am Besonderen als endlosem Bestand, als wäre es absolut, hafte, an der Dauer als solcher; [...]"[170].

Wenn das Individuum sich mit seinem unbedingten Lebenswillen der Grenzsituation nicht entziehen kann, so gibt er sich zumeist dem Unsterblichkeitsgedanken hin. Der Mensch überwindet so den Tod, gibt sich allerdings einer Illusion hin. Der Tod wird hier bloß als Schwelle zu einer neuen Lebensform gedacht, in die der Mensch übertreten kann.

Jaspers nennt diese Art der „Überwindung des Todes" eine Selbsttäuschung, bei der der Mensch sich des Sinns seiner Existenz nicht bewusst wird; denn gerade im Erfahren des unvermeidlichen Endes, kann das Ich seine Möglichkeiten erkennen und seine Existenz realisieren. Jaspers nennt den Todesmut des Helden als ein Beispiel für die Erfüllung der Grenzsituation:

> Nicht durch ein Wissen kann diese [Todes-] Angst vernichtet, sondern nur in augenblicklicher Gegenwart existentieller Wirklichkeit aufgehoben werden: im Todesmut des heroischen Menschen, der aus Freiheit sich einsetzt; im Wagnis des Lebens, wo es in hellem Bewußtsein einem Menschen beschieden ist, zu wissen und zu wollen, daß er sich mit einer Sache identifiziere, und daß er sich, seines Seins gewiß, sagen kann: hier stehe ich und falle; [...][171].

Nishida Kitarō nennt die Tatsache unserer Sterblichkeit das Fundament all unserer Probleme und Ängste[172]. Diese Annahme ist ein moderner Gedankenzug, der im heutigen Denken immer noch eine große Rolle spielt. Der amerikanische Professor und Psychotherapeut Irvin D. Yalom, der sich in seiner Arbeit stark auf existentialistische Philosophen wie Karl Jaspers und Martin Heidegger bezieht, sieht die Grundform jeder Ausprägung von Angst und Neurosen in der Todesangst, die angesichts der Interpendenz von Leben und Tod ausgelöst wird[173].

---

170 Jaspers, Karl. Philosophie II. 1994. S. 223
171 Ebd. S. 226
172 Vgl. Nishida, Kitarō. Last writings. 1993. S. 66
173 Vgl. Yalom, Irvin D. Liebe, Hoffnung, Psychotherapie. Das große Yalom-Lesebuch. München: Random House GmbH, 2004. S. 256-318. In den genannten Seiten greift Yalom in bemerkenswerter Weise die Jaspersschen Thesen von den Abwehrstrategien angesichts des Todes auf und illustriert sie mit Beispielen aus seiner psychotherapeutischen Praxis.

Nishida meint genau wie Jaspers, dass der Tod als objektives Faktum den Menschen wohl bewusst ist. Im persönlichen Erleben allerdings ist er den Menschen fern und hat keine Bedeutung für sie, solange sie nicht in Berührung mit dem Tod kommen. „All living things must die. I too know that I will die in the biological sense. But my existential sense of my own mortality is something else[174]". Konfrontiert der Mensch den Tod, so bedeutet das, dass das endliche Selbst dem Absoluten oder auch Gott, wie er es an manchen Stellen bezeichnet, gegenübersteht. Würde sich das Absolute nun aber auf das Relative beziehen, so wäre es kein Absolutes mehr. Das Absolute meint die Losgelöstheit an sich; stünde es dem Relativen gegenüber, wäre es nur angesichts dessen absolut, aber nicht per se. Daher kann das Relative, dass das Absolute konfrontiert nur „nichts"/tot sein. Hier zeigt sich ein grundlegender Widerspruch in der Seinsstruktur. Der Mensch erlangt seine wahre Subjektivität erst angesichts des Absoluten; er kann allerdings das Absolute nur konfrontieren, wenn er sich selbst negiert. „To know of ones' own death is already to exist while being nothing. To exist while being absolutely nothing is the ultimate self-contradiction. Yet the true self-consciousness of the self exists therein[175]". Dieses Zitat zeigt, dass der Mensch das Absolute also nicht nur im „realen Tod" konfrontieren kann. Um seinen eigenen Tod zu wissen, muss er sich selbst negieren und zu einem „Nichts"/zettai mu werden. Zu einem „Nichts" geworden ist es ihm möglich das Absolute zu konfrontieren.

5.2.3.2. Tod, Leiden, Selbstkonfrontation und Schuld bei Nishida Kitarō

Wie bereits erwähnt, werden Ähnlichkeiten in Bezug auf Jaspers' Grenzsituationen mit Nishidas Konzept des Individuums auffällig. Obwohl der Begriff der Grenzsituation auf diesen nicht unreflektiert angewandt werden kann und dieser selbst keine explizite Unterteilung in Situationen wie Tod, Leiden, Kampf bzw. Selbstkonfrontation und Schuld vornimmt, kann jeder Bereich durchaus mit ihm verglichen werden.

Karl Jaspers macht deutlich, dass das menschliche Dasein aus einem Ineinanderwobensein von Leben und Tod besteht. Eines ist ohne das Andere nicht denkbar. In der Grenzsituation des Todes muss der Mensch sich bewusst werden, dass sein Leben limitiert ist; er muss sich mit der Tatsache seiner Sterblichkeit auseinandersetzen. Der Tod gehört in Jaspers' philosophischem System also untrennbar zum Leben dazu. Eine scharfe Grenzziehung zwischen diesen Bereichen ist daher nicht möglich.

---

174 Nishida, Kitarō. Last writings. 1993. S. 66
175 Ebd. S. 78

Wie die vorangegangenen Kapitel gezeigt haben, sind Leben und Tod auch bei Nishida miteinander verbunden. „All living things must die[176]". Der Widerspruch, der sich in dieser Aussage ergibt, betont, dass der Tod in jedem Augenblick des Lebens schon präsent ist. Wie bei Jaspers ist das Erkennen des zeitlich begrenzten Lebens notwendig um zum wahren Selbst bzw. zur Existenz zu gelangen.

Der buddhistische Ausspruch, dass alles Leben Leiden ist, trifft grob gesagt auch auf Jaspers zu. Jeder Mensch trifft im Laufe seines Lebens auf je verschiedene Ausprägungen des Leidens, sei es Krankheit, Alter, Schmerzen usw. Kein Individuum ist also vor dem Leiden gefeit.
„Oft wird gesagt, die Menschenwelt sei die Welt von Kummer und Leid (kunō). Körperliche Freuden und Leiden existieren, weil wir uns selbst auf der organischen Ebene ausdrücken[177]". Nishida betont, dass Leiden nur im Leben des Menschen Bedeutung erlangt. Tiere, die sich nur in der physikalisch-biologischen Welt befinden, kennen Leiden zwar in Form von Schmerzen, aber nicht in der Art von Kummer und Trauer. Dieses leidvolle Trauern, das aus dem Begehren resultiert, das niemals völlig erfüllt werden kann, ist ein Grundzug der menschlichen Befindlichkeit[178]. Erst der Mensch in seiner selbstbestimmten, schöpferischen, geschichtlichen Welt ist sich des Leidens in Form von Kummer bewusst. Der interessante Zug in Nishidas Denken ist also, dass das Leiden als eine Grundstruktur des Menschen angesehen wird. Als solche kann das Selbst ihm nicht ausweichen; denn es trifft in irgendeiner Weise auf jedes Individuum zu. Dies ist der gleiche Gedankenzug, der sich auch bei Karl Jaspers präsentiert.

In der Grenzsituation des Kampfes wird der Mensch sich bewusst, dass er sich selbst behaupten muss. Er kann auf Gewaltanwendungen nicht verzichten ohne seine eigenen Freiheiten, seine Bedürfnisse und somit sein gesamtes Ich einzuschränken oder gar aufzugeben. Jaspers merkt an, dass der Mensch an dieser Grenzsituation oft wegen seines Gewissens versagt, dass ihm verbietet Schuld am Nachteil eines anderen Menschen zu sein.
Nishida Kitarō merkt im Bezug auf das menschliche Gewissen etwas Ähnliches an. „Man sagt, Gewissensbisse kann man nicht entkommen[179]". Wie Jaspers geht er davon aus, dass der Mensch im Laufe seines Lebens auf Situationen treffen wird, in denen er sich für sein eigenes Wohl und damit gegen das Wohl eines Anderen entscheiden muss. Für Jaspers

---

176 Nishida, Kitarō. Last writings. 1993. S. 66
177 Nishida, Kitarō. Ortlogik und religiöse Weltanschauung. In: ders. 1999. S. 251
178 Vgl. ebd. S. 251-252
179 Ebd. 1999. S. 240

steht fest, dass das Nichthandeln, das aus dem schlechten Gewissen folgt, eine Einschränkung des eigenen Ichs darstellt. Nishida kommt zu einer ähnlichen Ansicht. Da der Mensch als „autonom, d.h. selbstbestimmend[180]" gilt, beschränkt es seine Freiheit, wenn er „allgemein-vernünftigen" Richtlinien folgt und sich einer Situation nicht individuell stellt. „Dort, wo das Individuum die Möglichkeit besitzt, das Allgemeine zu negieren und das Gesetz radikal zu brechen, existiert unsere eigene Existenz[181]".
Beide Philosophen betonen also die Existenz von Handlungen, die sich zwar nicht mit dem Gewissen vereinbaren lassen, die aber förderlich für die Freiheit unseres Selbst bzw. unseres Ichs sind.
Die letzte, konkrete Jasperssche Grenzsituation bezieht sich auf die Schuld, die aus dem Kampf resultiert. Der Mensch lädt Schuld auf sich, weil er im Sinne seiner eigenen Ziele gehandelt und dabei den Nachteil eines Anderen herbeigeführt hat. Wichtig ist auch in diesem Zusammenhang erneut zu sehen, dass die Schuld ein wesentlicher Zug des menschlichen Daseins ist. Nimmt der Mensch niemals Schuld auf sich aus Angst einen Anderen zu verletzen, so geht er selbst unter.
Für Nishida Kitarō ist die Schuld oder die Sünde ebenfalls ein typisch menschlicher Grundzug. In seiner Abhandlung „Ortlogik und religiöse Weltanschauung" spricht er an dieser Stelle vom Christentum, das von der Ursünde des Menschen ausgeht, die durch den Sündenfall Adams und Evas ausgelöst worden ist[182]. Interessanterweise nennt Nishida die Sünde bzw. die Schuld wie Jaspers als ein wesentliches Element für die menschliche Existenz. „Aber genau hier liegt die Existenz des Menschen. Sich von der Ursünde befreien bedeutet, sich vom Menschsein zu befreien[183]".
Nishida bezieht sich in der Folge auf den Jōdo-Buddhismus (die wahre Schule des reinen Landes), der 1225 von Shinran gegründet worden ist[184], und nimmt Elemente davon in sein philosophisches System auf. Wie das Christentum geht auch der Jōdo-Buddhismus von dem Faktum aus, dass jeder Mensch von Geburt an Sünde in sich trägt. „Diese Schule spricht vom irrenden Menschen, der tiefe, schwere Schuld vielfach auf sich geladen hat und in dem die weltlichen Sorgen und Begierden heftig entbrannt sind[185]". Der Mensch kann sich der Sünde, die durch Illusionen

---

180 Nishida, Kitarō. Ortlogik und religiöse Weltanschauung. In: ders. 1999. S. 240
181 Ebd. S. 240
182 Vgl. ebd. S. 256
183 Ebd. S. 257
184 Vgl. Takizawa, Katsumi. Reflexionen über die universale Grundlage von Buddhismus und Christentum. Frankfurt am Main, Bern, Cirencester: Verlag Peter D. Lang, 1980. S. 172
185 Nishida, Kitarō. Ortlogik und religiöse Weltanschauung. In: ders. 1999. S. 238

ausgelöst wird, das heißt durch eine objektivierende Sicht des eigenen Selbst, nur durch die Anrufung des Namens des Amida-Buddhas befreien. Interessant ist, dass Nishida in Berufung auf die wahre Schule des reinen Landes wie Karl Jaspers davon ausgeht, dass das Element der Schuld zum menschlichen Dasein dazu gehört. In Nishidas System bzw. im Jōdo-Buddhismus gelingt die Errettung von der Sünde aus der Kraft des Anderen. Im Glauben an den Amida-Buddha und in dessen Anrufung wird das Individuum von seiner Schuld befreit. Obgleich Jaspers nicht von einem konkreten Gegenüber ausgeht, an das der Mensch sich wenden kann, geschieht die Erlösung des Menschen auch bei ihm nicht völlig aus eigener Kraft wie es vielleicht auf dem ersten Blick den Anschein hat.

Das Jasperssche Ich kann sich erst von der Schuld und vom Leiden im Allgemeinen befreien, insofern es die Wichtigkeit der Grenzsituation einsieht. Wenn es erkennt, dass diese Situation unvermeidbar ist, hat es die Möglichkeit auf die Stufe der Existenz aufzusteigen und die menschlichen Probleme des Daseins aus einer anderen Perspektive zu betrachten. Obwohl sich die Einsicht des Menschen durch sich selbst vollziehen muss, geschieht sie doch anhand einer Grenzsituation. Das heißt: Es gibt ein Gegenüber, das das Ich zum Anlass nehmen kann um sich selbst zu befreien. Die Grenzsituation entspricht einer Fremdkraft, anhand derer der Mensch seine je eigenen Möglichkeiten ergreifen und seine eigenen Kräfte mobilisieren kann so wie auch der Jōdo-Buddhismus interpretiert werden kann.

> [...] bei Shinran, dem Stifter des Jōdo-shin-Buddhismus, ist der Glaube an das „Grundgelübde des Amida-Buddha [...]" bei weitem nicht „der Glaube an die Kraft des anderen" in einem solchen Sinne, daß man sich gleichsam in tiefbewegter Ruhe einer Fremdgesetzlichkeit völlig unterwirft und ein „sacrificium intellectus" bringt. Es läßt sich zeigen, [...] daß das Vertrauen auf den „Ganz-anderen" für Shinran und seine Schüler erst die Grundlage bildet für eine das eigene Leben und die ganze Welt umfassende Verantwortung[186].

An dieser Stelle zeigt sich die allgemeine Ähnlichkeit zwischen Karl Jaspers' Grenzsituationen und Nishidas System. Grundsätzlich muss – wie schon weiter oben – gesagt werden, dass die Konzepte der beiden Philosophen auf keinen Fall eins zu eins übernommen werden dürfen. Nishidas System sieht wie gesagt keine Grenzsituationen vor. Das heißt, dass dieser Begriff, so wie Karl Jaspers ihn anwendet, im Zusammenhang mit Nishida Kitarōs Philosophie keine passende Verwendung findet. Nishida sieht im Kontext seines buddhistischen Hintergrundes den Tod als eine

---

186 Takizawa, Katsumi. 1980. S. 28-29

Einheit mit dem Leben, die dem Menschen ja schon von Geburt an gegeben ist, während der Tod für Jaspers eine Grenze darstellt.

Das Kapitel 5.2.3.2. zeigt allerdings, dass die beiden Philosophen sich mit parallelen Thematiken beschäftigen, die durchaus inhaltlich gesehen miteinander verglichen werden können. Bei beiden geht es um die Entfaltung des Menschen, die sich erst dann vollzieht, sobald dieser sich als Relatives erkennt, das einem Absoluten gegenübersteht. Das Jasperssche Individuum muss sich einer Grenzsituation stellen, angesichts derer es sich als etwas „Kleines" angesichts der unausweichlich höheren Macht erkennt. Derselbe Zug findet sich bei Nishida im Erkennen des eigenen „Nichts", also der eigenen Unbedeutendheit, wenn das Selbst dem absoluten Gott gegenübersteht.

5.2.3.3. Individualität angesichts des Todes

„For to realize own's [sic!] own death is simultaneously to realize the fundamental meaning of ones' own existence[187]". Nishidas These, dass die Grundbedeutung des eigenen Lebens sich erst angesichts des Todes realisiert hat deutliche Ähnlichkeit zu Jaspers. Die zeitliche Begrenzung des menschlichen Lebens erst macht den Menschen bei Nishida zu einem einzigartigen Wesen – einem Individuum. Ähnliches hat auch Karl Jaspers festgestellt. Der Tod, wenn der Mensch ihn als Grenzsituation erfasst, lässt den Menschen zur Seinsweise der Existenz aufsteigen, bei der er die Beschaffenheit und den Kern seines eigentlichen Selbst erst kennen lernt, seine Möglichkeiten ergreifen kann und sich so in seinem tiefsten Wesen von den anderen Menschen unterscheidet.

5.2.3.4. Überwindung des Todes

Nishidas These zum wahren Selbst, also zur eigenen Individualität zu gelangen, beruht – wie oben bereits dargestellt – auf der Transzendierung des Todes. Durch die Negation des Selbst, die sich auch schon im Wissen um den eigenen Tod vollzieht, übersteigt es diesen. Das heißt, dass das Selbst erst wahrhaft existiert, sobald es sich gemäß Nishidas Terminologie als „Nichts"/zettai mu versteht.

Bei Jaspers scheint Transzendenz offensichtlich keine große Rolle zu spielen, ja sogar hinderlich zu sein, bedenkt man seine Thesen hinsichtlich der Überwindung des Todes angesichts von Jenseitsvorstellungen.

---

187   Nishida, Kitarō. Last writings. 1993. S. 67

Allerdings scheint Jaspers dieses Konzept nicht vollständig durchzuhalten; denn an manchen Stellen den Tod betreffend kommen durchaus einige fast religiöse Züge zum Vorschein, die an Nishidas Transzendenz erinnern. Im Zusammenhang mit dem Tod des Nächsten räumt er ein, dass das Zusammensein, solange der Sterbende noch bei Bewusstsein ist, der „letzte Ausdruck der Kommunikation [ist]".

> Aber diese Kommunikation kann so tief gegründet sein, daß der Abschluß im Sterben selbst noch zu ihrer Erscheinung wird und Kommunikation ihr Sein als ewige Wirklichkeit bewahrt. [...] Bloßes Dasein kann vergessen, kann sich trösten, dieser Sprung [zur Existenz] aber ist wie die Geburt eines neuen Lebens; der Tod ist in das Leben aufgenommen. Das Leben erweist die Wahrheit der Kommunikation, die den Tod überdauert, indem es sich verwirklicht, wie es durch Kommunikation wurde und nun sein muß[188].

Hier zeigt Jaspers durchaus, dass der Tod transzendiert werden kann. Er greift sein Konzept der existentiellen Kommunikation auf und stellt fest, dass im Gespräch das Sein betreffend die Existenz erlangt werden kann, die schließlich so tief greifend ist, dass sie als solche den Tod überdauert. Interessant ist an anderer Stelle, dass Jaspers die Seinsweise, die durch den Tod zerstört wird, als Erscheinung bezeichnet, während das eigentliche Sein erhalten bleibt. „[...]; was zerstört wird durch den Tod, ist Erscheinung, nicht das Sein selbst[189]".

Nishidas Selbst transzendiert den Tod, sobald es sich selbst negiert und so als „*Nichts*" begreift. Das Jasperssche Ich kennt ebenfalls eine Verneinung, die es den Tod überdauern lässt. In der Erhöhung des Seins in Form der Existenz, die aber erst zustande kommt, nachdem das Ich sich als Dasein verneint hat, kommt es zur Überwindung des Todes.

Beide Philosophen sprechen sich gegen eine konkrete Jenseitsvorstellung aus. Wie schon bekannt ist, lehnt Jaspers den Gedanken an ein jenseitiges Leben aus Gründen der Selbsttäuschung ab, verneint dabei aber nicht die Möglichkeit der Überwindung des Todes mittels der Existenz. Nishidas Vorstellung vom ewigen Leben entspricht ebenfalls keiner der herkömmlichen westlichen, religiösen Gedanken. „It is often said that we die for the sake of living a greater life, that we 'live by dying' in a teleological sense. I repeat, however, that one who dies enters into eternal nothingness. Once he dies, a person is eternally dead[190]". Dieses Zitat klingt auf dem ersten Blick nach einem negativen Begriff vom ewigen Leben.

---

188   Jaspers, Karl. Philosophie II. 1994. S. 221
189   Ebd. S. 222
190   Nishida, Kitarō. Last writings. 1993. S. 87

Der Mensch taucht ein in ewiges Nichts und bleibt für immer tot. Allerdings ist hier vonnöten Nishidas Theorien vom ewigen Leben genauer zu beleuchten. Das Sterben des Individuums bedeutet das Negieren von Subjektivität. Die Konsequenz des Negierens von Subjektivität wiederum ist die Form des Selbst als ein „Nichts". Als „Nichts" steht es dem Absoluten entgegen, wo es seine wahre Subjektivität erlangt. Als „Nichts" also „lebt" das Selbst in seiner vollkommenen Form in Konfrontation mit dem Absoluten. Weiters kommt hinzu, dass der Mensch ein Ausdruck und ein Abbild des Absoluten ist, das alle Widersprüche und Gegensätzlichkeiten in sich vereint[191]. Das Selbst erlangt das ewige Leben also im Negieren der eigenen Person, in der es zum wahren Selbst wird und im Ausdrücken des Absoluten. „My position is rather that eternal life is gained at the point where birth and death (samsara) and no-birth and no-death (nirvāna) are realized as one[192]". Das Absolute vereint alle Gegensätze in sich. Da das Relative das Absolute widerspiegelt, reflektiert es auch dessen Gegensätze und vereinheitlicht sowohl Geburt als auch Nicht-Geboren und Tod und Nicht-Sterben. Das Selbst lebt also ewig, indem es jeden Moment diese Einheit in sich ausdrückt.

5.2.3.5. Das „Nichts"/zettai mu oder die Aufhebung der Gegensätze bei Jaspers

Nishidas wahres Selbst sowie seine Theorie vom ewigen Leben beruht auf einer Vereinheitlichung der Gegensätze, die im Nichts resultieren. Karl Jaspers geht zwar von keinem Nichts in seiner Theorie der Grenzsituationen aus, aber auch er hält Widersprüche, die sich im Selbst vereinigen als essentiell für seine Thesen.

Jaspers lehnt zwar die Verzweiflung und die Angst angesichts des Todes als Möglichkeit zum Erleben einer Grenzsituation ab, aber als „beste Methode" zur Erreichung der Existenz bezeichnet er die Ineinanderverwobenheit von Todesangst und von – in Nishidas Termini gesprochen – Nicht-Angst.

> Darum ist kein Widerspruch des Menschen mit sich selbst, wenn er mit allen Fasern seines Wesens am Leben hängt, [...] wenn er nicht begreift und doch vertraut; wenn er das Nichts sieht und doch eines Seins gewiß ist; wenn er den Tod als Freund und Feind erblickt, ihn meidet und ihn ersehnt[193].

---

191 Vgl. Nishida, Kitarō. Last writings. 1993. S. 69, 75
192 Ebd. S. 87
193 Jaspers, Karl. Philosophie II. 1994. S. 229

Keine Verzweiflung angesichts des Todes verspüren, lässt die Existenz ebenso leer zurück, wie das Versinken in die Verzweiflung.

Obwohl Jaspers Gegensätze in seine Theorie der Grenzsituation des Todes einbezieht, ist das Konzept ein Anderes als Nishidas. Im Nichts existieren die Gegensätze nebeneinander; bei Jaspers allerdings heben sie sich auf bzw. werden gar nicht erst als Widersprüche angesehen. Das obige Zitat beginnt mit den Worten „Darum ist KEIN Widerspruch des Menschen mit sich selbst, [...]" und zeigt an dieser Stelle bereits, dass der Gegensatz von Todesangst und keiner Todesangst sich aufhebt statt nebeneinander gültig zu stehen.

Mit dieser verschiedenen Sicht hat auch der Begriff „Grenzsituation" zu tun, der sich nur auf Karl Jaspers anwenden lässt. Eine Grenzsituation hat also mit einer Grenze zu tun, an die der Mensch stößt und angesichts dieser er sich bewusst wird, dass die Situation, in der er sich befindet, unvermeidbar ist. In Nishidas Denken allerdings spielt eine Grenze keine Rolle[194]. Angesichts der Tatsache von der untrennbaren Einheit von Leben und Tod kann keine Grenze angenommen werden, die das Selbst anstoßen lässt, weil diese sofort in Vereinigung mit ihrem Gegensatz auftreten würde.

5.3. Philosophie und Religion

„Even though the self may first be discovered to be rational in the latter respect, the true self, the religious self, is not coextensive with the moral self[195]". Das wahre Selbst bei Nishida entspricht also dem religiösen Selbst. Für den Philosophen ist das eigentliche Sein untrennbar verbunden mit dem religiösen Verständnis. An der gleichen Stelle macht er deutlich, dass sich Fragen der Religion – und die der Philosophie – erheben, sobald Probleme unseres Seins auftreten[196]. Der Nishida-Interpret Paul Mafli merkt an, dass Ueda Shizuteru in seiner Abhandlung „Das Religionsverständnis in der Philosophie des Nishida Kitarō" die Beziehung zwischen Philosophie und Religion als „nichts-eins und nicht-verschieden" bezeichnet hat[197]. Die geistige Wirklichkeit setzt sich aus zwei Richtungen zusammen: „zum einen die Richtung der Religion als unendliche Vertiefung der geistigen Wirklichkeit, zum anderen die Richtung der Philosophie

---

194 Vgl. Kapitel 5.3.2.3., S. 69
195 Nishida, Kitarō. Last writings. 1993. S. 65
196 Ebd. S. 66
197 Mafli, Paul. 1996. S. 327

als deren Erläuterung[198]". Religion und Philosophie bei Nishida stellen also lediglich zwei Seiten einer Medaille dar. Wie schon das vorige Kapitel gezeigt hat, ist die Religion eine unvermeidliche Tatsache zur Erlangung des wahren Selbst. Angesichts des Absoluten erst kann der Mensch sein eigentliches Sein entfalten.

Während Nishida darstellt, dass Religion untrennbar mit Philosophie und dem eigentlichen Sein verbunden ist, betont Karl Jaspers, dass es zwischen den beiden einen Bruch gibt. „Die Spannung ist gegenüber der Religion eine absolute: der eigentlich Religiöse kann Theologe, aber nicht ohne Bruch Philosoph, der Philosoph als solcher nicht ohne Bruch ein Religiöser werden[199]". Allerdings hat schon das vorangegangene Kapitel gezeigt, dass Jaspers diese Theorie nicht ganz eindeutig durchhält. Sein Konzept des Todes und seine Theorien von dessen Überwindung hinterlassen Spuren einer transzendenten Wirklichkeit. Was allerdings deutlich herauskommt, ist, dass Jaspers sich gegen Jenseitsvorstellungen und Theorien über ein Leben nach dem Tod ausspricht. Er wendet sich hier allerdings weniger gegen die Vorstellung eines Weiterbestehens nach dem Tod als vielmehr gegen die Vorstellung, dass das Leben, so wie es ist, nach dem Tod weitergeführt wird. Er legt seinen Fokus auf die Realisierung der Zeitlichkeit und der unumgehbaren Tatsache des Endes dieses Lebens in der Welt. Nishida hat diesbezüglich einen ähnlichen Gedanken aufgestellt[200]. Auch er spricht sich klar gegen die Vorstellung eines Lebens bzw. gar eines besseren Lebens nach dem Tod aus. Beide Philosophen bestehen deutlich auf der Realisierung des Todes als das Ende des bisherigen Lebens.

Wichtig zu sehen ist, dass auch Jaspers die Religion als ein wesentliches Prinzip der Philosophie und des Seins ansieht. Er wendet sich allerdings gegen die herkömmliche Religion, die Dogmen – und Gehäuse, wie er es nennt – aufstellt und vorschreibt an diese zu glauben. Wie im Folgenden gezeigt wird, spielt der religiöse Glaube bei Jaspers durchaus eine wichtige Rolle.

Karl Jaspers sowie Nishida Kitarō haben beide Theorien über die Religion aus ihrer jeweiligen Kultur geschöpft und sie in ihrer je eigenen Weise ausgearbeitet. Nishidas Religionsphilosophie weist zwar buddhistische Züge auf, – er verwendet dem Buddhismus zugehörige Begriffe –, sie kann jedoch in keiner Weise als typisch buddhistisches religiöses Ver-

---

198 Mafli, Paul. 1996. S. 327
199 Jaspers, Karl. Philosophie I. 1994. S. 294
200 Vgl. Kapitel 5.2.3.3.

ständnis angesehen werden. Nishida hat in Konfrontation mit dem Buddhismus sowie auch mit der christlichen Religion ein ganz spezifisch eigenes Konzept Gottes erschaffen. In dieser Hinsicht hat er deutliche Parallelen zum Philosophen Karl Jaspers. Auch dieser hat in Ablehnung an die westliche religiöse Tradition eigene Konzepte entwickelt.

> Die Gottesbeweise seit dem Altertum sind in ihrer Gesamtheit ein großartiges Dokument.
> Wenn aber die Gottesbeweise aufgefaßt werden als wissenschaftlich zwingende Beweise im Sinne der Mathematik oder der empirischen Wissenschaften, so sind sie falsch. In der radikalsten Weise hat sie Kant in ihrer zwingenden Gültigkeit widerlegt.
> Nun folgte die Umkehrung: Die Widerlegung aller Gottesbeweise bedeutet, daß es keinen Gott gibt.
> Diese Folgerung ist falsch. Denn sowenig Gottes Dasein bewiesen werden kann, ebensowenig sein Nichtdasein[201]".

Anhand dieses Zitates wird deutlich, dass Jaspers sich gegen eine dogmatische Sicht auf Gott und die Religion wendet. Wäre Gott bewiesen, dann bedeutete das, dass er ein Bestandteil der Weltrealität wäre[202]. Jaspers ist es äußerst wichtig zu erkennen, dass Gott in der Welt nicht als objektives Faktum begreifbar ist. Gott ist für ihn weder durch die Vernunft noch durch die Erfahrung zu erkennen. „Er ist unsichtbar, kann nicht geschaut, sondern nur geglaubt werden[203]". Der Jasperssche Gott kann durchaus erfahren werden, allerdings nicht als Tatsache des herkömmlichen Selbstseins. An dieser Stelle zieht er wieder die Existenz, die höchste Seinsweise heran. Hat der Mensch die Stufe der Existenz erreicht, so erlebt er sich selbst in der Freiheit und in all seinen Möglichkeiten, die daraus resultieren. Dabei nun erfährt der Mensch, dass diese Freiheit ihm gegeben worden ist. Auf der Stufe der Existenz „bin ich nicht durch mich selbst, sondern werde mir in ihr geschenkt, denn ich kann mir ausbleiben und mein Freisein nicht erzwingen[204]". Jaspers' Gottesbegriff hat also mit dem Sein an sich zu tun. Der Mensch muss erst die absolute Freiheit der Existenz erreichen um Gott in der Transzendenz zu erfahren. Wie Jaspers' Ich muss auch Nishidas Selbst eine Wandlung vollziehen um mit dem Absoluten in Berührung zu kommen. Das herkömmliche Selbst kann dem Absoluten ja nicht gegenüberstehen, so wie wir es auch bei Jaspers gesehen haben. Das Selbst muss sich erst negieren um Gott zu konfrontieren und kann so erst zum wahren, eigentlichen Selbst gelangen.

---

201   Jaspers, Karl. Einführung in die Philosophie. 2003. S. 34
202   Vgl. ebd. S. 34
203   Ebd. S. 36
204   Ebd. S. 36

Nishida Kitarō führt an, dass das Selbst in der Sichtweise des Buddhismus' in Illusionen lebt, wenn es die scheinbar objektive Welt und das Seiende darin als das wahrhafte Sein nimmt. Das Selbst kann durch die Erleuchtung in der Meditation gerettet werden, weil es des Absoluten innewird. Nishida betont, dass diese Sichtweise der Erleuchtung eine missverständliche ist. Das Selbst wird sich – wie später noch ausführlicher dargestellt – des Nichts bewusst, das heißt seines eigenen Selbst. „It is rather an ultimate seeing of the bottomless nothingness of the self that is simultaneously a seeing of the fountainhead of sin and evil[205]".

Ein Schwenk zu Karl Jaspers soll dessen Vorstellung von Illusion und Realität illustrieren. Er geht davon aus, dass die Realität ein „verschwindendes Dasein zwischen Gott und der Existenz" ist[206]. Auch er lehnt die Denkweise ab, dass die Welt, wie sie sich uns zeigt, eine absolute Welt ist. Im Folgenden greift er die Konzepte von asiatischen Mönchen auf, die in der Meditation die Welt überschritten haben. Es wird deutlich, dass Jaspers diese Form der Erleuchtung als falschen Weg einstuft, weil er ein Überschreiten der Welt beinhaltet. Jedes Überschreiten der Welt bedeutet für Jaspers ein Nichtkonfrontieren mit den Gegebenheiten und Situationen in der Welt, angesichts derer der Mensch sich ja zur Existenz aufschwingen könnte.

Zwischen Nishida, der zwar im Allgemeinen die Methode der meditativen Versenkung schätzt um zu einer allumfassenden Selbsterkenntnis zu kommen, und Jaspers, der diese ablehnt, könnte sich durchaus eine Verständigung der Ansichten abzeichnen. Zu diesem Zweck muss Nishidas religiöses Verständnis näher beleuchtet werden.

Wie schon erörtert kann das Relative, also der Mensch, dem Absoluten nur im Tod gegenüberstehen. Mit Tod ist nicht unbedingt nur der biologisch-medizinische Tod gemeint, sondern durchaus auch die Tatsache des Wissens des eigenen Todes, die eine Negation des Selbst zur Folge hat. Das Absolute kann dem Relativen nicht gegenüberstehen; denn sonst wäre es selbst nichts weiter als ein Relatives. Um zu existieren, muss es allerdings einem Anderen gegenüberstehen. Da es außerhalb seiner selbst nichts konfrontieren kann, muss es sich in der Weise der absoluten Selbstwidersprüchlichkeit selbst gegenüberstehen. „It must express itself by negating itself[207]". Das Absolute negiert sich also und wird als absolutes Sein zum absoluten Nichts. Als absolutes Nichts negiert es sich erneut und bedeutet nun wiederum das absolute Sein usw. Daraus folgt,

---

205 Nishida, Kitarō. Last writings. 2003. S. 80
206 Jaspers, Karl. Einführung in die Philosophie. 2003. S. 62
207 Nishida, Kitarō. Last writings. 2003. S. 68

dass das Absolute bei Nishida und im Buddhismus allgemein meistens als *Nichts/zettai mu* bezeichnet wird, weil es als widersprüchliche Selbstidentität alles Sein und das Nichtsein in sich umschließt. Das Absolute existiert also in der Form, dass es zu sich selbst zurückkommt in der Form des Relativen; es drückt sich aus im unendlich Vielen. Paul Mafli führt aus, dass die absolute Negation des Absoluten die Schöpfung bedeutet. Das schöpferische Prinzip des Absoluten negiert sich zum geschaffenen, das heißt zum Relativen[208]. Da das Absolute sich in seiner Negation als Relatives ausdrückt, muss sich die Selbstnegation auch im menschlichen Selbst wieder finden. Wenn Nishida nun davon ausgeht, dass das Selbst in der Meditation des Nichts bzw. des Absoluten und gleichzeitig sich selbst innewird, dann bedeutet dies keine Überschreitung der Welt im Jasperschen Sinne. Da das Absolute sich in der Welt und im Selbst widerspiegelt, ist es Teil der herkömmlichen Welt. Erlebt der Mensch nun in der Erleuchtung das Innewerden dieses Absoluten, so erfährt er keine wirkliche Transzendenz sondern das Absolute, wie es sich ausdrückt in der Welt.

5.4. Das Leiden: Jaspers' Abgrenzung vom Buddhismus

Jaspers' Grenzsituationen lassen sich zusammenfassen unter dem Begriff Leiden. Angesichts des Todes erfährt der Mensch Leiden, es zeigt sich in Form von Krankheiten, Alter und sonstigen Gebrechen; Kampf und Schuld lassen den Menschen verzweifeln, was sich als Form des Leidens manifestiert. Die antinomische Struktur des Daseins bringt es also mit sich, dass das Individuum im Laufe seines Lebens zahlreichen Situationen gegenübersteht, die es als leidvoll empfindet. In dieser Hinsicht entspricht die Jasperssche Seinskonzeption der buddhistischen; denn auch dort trifft der Mensch auf eine eigene Entwicklung und eine Welt voll Leiden.

> Geburt ist Leiden, Altern ist Leiden (Krankheit ist Leiden), Sterben ist Leiden, Sorge, Jammer, Schmerz, Trübsal und Verzweiflung sind Leiden; mit Unliebem vereint sein, ist Leiden; von Liebem Getrennt [sic!] sein, ist Leiden; nicht erlangen, was man begehrt, ist Leiden; kurz gesagt, die fünf Anhaftungs-Gruppen sind Leiden[209].

Für Jaspers gilt, dass das Leiden bezwungen werden kann durch das existentielle Wissen um diese Situation. Wenn der Mensch um das Leiden weiß, das heißt, wenn er es als etwas Unvermeidbares und nicht Zufälli-

---

208 Mafli, Paul. 1996. S. 333
209 Buddha (Angeblicher Verfasser). Das Wort des Buddha. Eine systematische Übersicht der Lehre des Buddha in seinen eigenen Worten. Ausgewählt, übersetzt und erläutert von Nyanatiloka. Konstanz: Verlag Christiani, 1953. S. 17

ges auffasst, kann er sich zur Existenz aufschwingen. Als solche ist er erstmal in der Lage seine je eigenen persönlichen Möglichkeiten zu erkennen und diese auch zu ergreifen. Mit diesen spezifischen Möglichkeiten kann es zu einer Veränderung des Ichs hinsichtlich der leidvollen Situation kommen, die eventuell einen Wandel des Leidens mit sich bringt. Voraussetzung dafür ist allerdings das unumgehbare Wissen um die Unausweichlichkeit des Leidens; das Ich muss sich bewusst sein, dass es vielleicht keinen Ausweg aus dieser Situation gibt.
Hier scheint der Buddhismus auch noch konform mit Jaspers zu gehen. Die Quelle allen Leidens ruht im Nichtwissen. „Das Leiden nicht erkennen, und den Ursprung des Leidens nicht erkennen, und die Aufhebung des Leidens nicht erkennen, und den Weg zur Aufhebung des Leidens nicht erkennen: das wird Nichtwissen genannt[210]". Auch der Buddhismus kann das Leiden erst zum Erlöschen bringen, wenn das Selbst es zuvor als Leiden erkannt hat.

Jaspers und der Buddhismus scheinen einen ähnlichen Ausgangspunkt, was das Leiden betrifft, gefunden zu haben. Leiden entsteht und währt bei beiden angesichts des Nichtwissens und des Verdrängens dieser Situation. In der Methode des Erlöschens des Leidens allerdings gehen Jaspers und der Buddhismus getrennte Wege – zumindest laut dem Philosophen Karl Jaspers. An mehreren Stellen wird ersichtlich, dass er sich mit der buddhistischen Welt eingehend befasst hat, und er macht deutlich, dass sein Ansatz ein völlig anderer als der buddhistische ist. In seinem Werk „Psychologie der Weltanschauungen" geht er auf falsche Reaktionen angesichts des Leidens ein[211]. Er wendet sich unter anderen gegen den Weg der Resignation, der den Menschen veranlasst seine Stellungnahme völlig aufzugeben, gegen die religiös-metaphysische Einstellung, angesichts derer, der Mensch auf eine Rettung durch Gott hofft, und gegen die Weltflucht. Als Letzteres versteht er ein „Aufgeben jeglichen Leidens und jeglicher Freude, schließlich das Nichts zu erstreben. [...] Welt und Leid sind untrennbar verbunden. Daher kann nur das Aufhören der Welt erlösen[212]". Wie an einer vorangegangen Stelle in derselben Abhandlung deutlich wird, bezieht Jaspers die Weltflucht auf den Buddhismus[213]. Buddha würde sein Leben genießen, wenn es nicht vergänglich wäre. Da alles im Leben vergeht, ist es sinnlos. Laut Jaspers ist im Buddhismus nur

---

210 Bechert, Heinz. (Hg.). Die Reden des Buddha. Lehre, Verse, Erzählungen. Übersetzt und eingeleitet von Hermann Oldenberg. Freiburg, Basel, Wien: Herder spektrum. 2000. S. 184
211 Vgl. Jaspers, Karl. Psychologie der Weltanschauungen. 1960. S. 249-254
212 Ebd. S. 252
213 Vgl. ebd. S. 249

der Tod wünschenswert, was er als nihilistische Sichtweise interpretiert, die alle Werte verneint und der nur der „Wille zum Tode entspringt[214]".

Jaspers grenzt seine Methode zum Umgang mit dem Leiden in der Abhandlung „Psychologie der Weltanschauungen" stark von der buddhistischen Lehre ab. Er selbst betont immer wieder einen Mittelweg angesichts einer Grenzsituation. Das Leiden soll einerseits als Fremdes bekämpft, andererseits als etwas zu mir Gehöriges akzeptiert werden. „Wer nicht die Verzweiflung im Verlust des geliebtesten Menschen in irgendeinem Sinne festhält, verliert seine Existenz ebenso wie der, der in der Verzweiflung versinkt, [...][215]". Da für Jaspers der Kampf ebenso zum Umgang mit dem Leiden gehört wie das Akzeptieren dessen, lehnt er die Haltung des Buddhismus' ab. Laut ihm verlässt der Mensch im passiven Annehmen des Leidens die Welt und lehnt jede Teilnahme an ihrem Ausdruck, sei es Leiden oder Lust, ab.

Karl Jaspers' Darstellung des Buddhismus' ist aus der heutigen Sichtweise keinesfalls haltbar. Vergleicht man seine Position mit buddhistischen Lehren, so lassen sich durchaus weitere Parallelen zwischen den beiden herausfiltern.

Um zu einer parallelen Anschauungsweise von Jaspers' Konzepten und den buddhistischen zu kommen, seien vorher noch ein paar Sätze zur Entstehung des Leidens im Buddhismus gesagt. Die Quelle des Leidens ist das Begehren, das sich in drei Varianten unterteilt: sinnliches Begehren, Daseins-Begehren und Nichtseins-Begehren. Da das Begehren eine dem Menschen zugehörige Eigenschaft ist, bedeutet dies, „daß die Entstehung des Leidens und der Leidenswelt in uns selber liegt. Damit ist gleichzeitig die Möglichkeit der Erlösung (3. Wahrheit) und eines Weges zu ihr (4. Wahrheit) gegeben[216]". Unter sinnlichem Begehren werden im Buddhismus angenehme Dinge verstanden, die der Mensch aufgrund seiner fünf Sinnesobjekte begehrt. Das Daseins-Begehren beruht auf dem Wunsch nach ewigem Dasein; das Selbst haftet somit am zeitlich vergänglichen Dasein an. Die dritte Art des Begehrens, das Nichtseins-Begehren, beruht auf der Ansicht der Vernichtung des Ichs nach dem Tod. Der Weg zur Erlöschung des Leidens liegt in der Tatsache des Erkennens, dass alle Lebewesen und Objekte in der Welt vergänglich sind. Hat das Selbst dies erkannt, so begehrt es diese vergänglichen Objekte nicht mehr und wendet sich von ihnen ab. Karl Jaspers sieht in dieser Abwen-

---

214 Jaspers, Karl. Psychologie der Weltanschauungen. 1960. S. 264
215 Jaspers, Karl. Philosophie II. 1994. S. 227
216 Buddha. 1953. S. 36

dung, die sich ja auf alles in der Welt bezieht, weil nun einmal alles Weltliche vergänglich ist, eine völlige Gleichmütigkeit und Flucht aus der Welt. Folgendes Zitat scheint diese Auffassung zu unterstreichen:

> Das Leben schwindet hin; kurz ist das Dasein.
> Das Alter reißt uns weg. Nichts kann uns retten.
> Des Todes drohende Gefahr erkennend
> Verlasse man die Weltlust, suche Frieden[217].

Über der zitierten Stelle allerdings findet sich ein Absatz, der die buddhistische Haltung zum Leiden in Kombination mit oben genannten Versen in anderem Blickwinkel sehen lässt:

> Das Leben schwindet hin; kurz ist das Dasein.
> Das Alter reißt uns weg. Nichts kann uns retten.
> Des Todes drohende Gefahr erkennend
> Soll gutes Werk man tun, das Freudenlohn bringt[218].

Die letzt zitierten Verse lassen einen weniger pessimistisch-weltflüchtigen Charakter anmuten. Es wird erkannt, dass das Leben vergänglich ist; damit ist dem Menschen nur eine bestimmte, relativ kurze Lebensspanne in der Welt gegeben. Angesichts dessen ist der Mensch aufgerufen Gutes zu tun. Dies lässt sich durchaus im Sinne Jaspers interpretieren. Bei Jaspers wird das Ich erst in Konfrontation mit dem Leiden zu seinem eigentlichen, wahren Ich. Erst dann kann es seine Möglichkeiten der Entfaltung begreifen. Das bedeutet: Das Leben ist zwar vergänglich und steckt voller Leiden. Aber gerade wegen der Kürze unseres Daseins und all ihren fundamentalen Problemen ist es dem Menschen möglich Handlungen zu setzen, die der wahren Natur des Ichs entsprechen. Angesichts des Negativen in unserem Leben ist der Mensch angehalten, diese zwar zu erkennen, aber nicht an ihnen zu verzweifeln, sondern das Beste aus den Gegebenheiten je nach dem eigenen Möglichen zu machen. Die oben zitierten buddhistischen Zeilen lassen sich ebenfalls in einen solchen Zusammenhang stellen. Das Leben ist von Geburt an voller Leiden. Der Mensch ist deshalb angehalten dazu die Leiden als solche zu erkennen sowie die Vergänglichkeit der Welt und der Objekte in ihr. In diesem Sinne überschreitet das Selbst die Welt. Gleichzeitig aber bleibt es mit dieser verbunden, indem es gerade wegen des Schlechten in Welt und Dasein sein Bestes versucht um dieses so positiv wie möglich zu gestalten. Das Erkennen der drohenden Gefahr des Todes also veranlasst den Menschen durch sein Zutun das Dasein für sich und Andere je nach Möglichkeit et-

---

217 Bechert, Heinz (Hg.). 2000. S. 206
218 Ebd. S. 206

was Angenehmer zu gestalten und „gutes Werk tun, das Freudenlohn bringt".
Sieht man den Buddhismus in diesem Zusammenhang, so kann man Karl Jaspers wohl kaum Recht geben. Seine Abgrenzung lässt sich nicht mehr aufrechterhalten; denn man erkennt deutlich, dass der Buddhismus keineswegs eine nur passive, weltflüchtige Dimension besitzt.

Darüber hinaus muss deutlich gemacht werden, dass der buddhistische Begriff „anitya", der im Deutschen mit „Vergänglichkeit" übersetzt wird, von vornherein anders konnotiert ist. Während der Terminus der Vergänglichkeit den emotionalen Aspekt der Trauer und des Kummers mit einschließt, ist dies im Buddhismus nicht der Fall. „Anitya" bezeichnet das rein faktische Prinzip der Endlichkeit, das Gegenteil alles Dauerhaften. Bei dieser objektiven Erkenntnis des Unbeständigen spielen Emotionen keine Rolle.
Ein weiteres Beispiel unterstreicht die Tatsache, dass der Buddhismus keine weltflüchtige, passive Dimension darstellt. Folgende Stelle macht deutlich, dass der Buddhismus völlige Askese und daraus folgend völlige Gleichmütigkeit des Selbst nicht an den Tag legt:

> Sich dem sinnlichen Genuß hingeben, dem niedrigen, gemeinen, weltlichen, unedlen, sinnlosen; und sich der Selbstkasteiung hingeben, der leidvollen, unedlen, sinnlosen: diese beiden Extreme hat der Vollendete vermieden und den mittleren Pfad erkannt, der sehen und wissend macht und zur Stillung, Durchschauung, Erleuchtung und zum Nirwahn führt[219].

Diese Stelle spricht also von zwei extremen Einstellungen angesichts der Vergänglichkeit und des Leidens, die beide abzulehnen sind. Hingabe an den sinnlichen Genuss genauso wie Selbstkasteiung, die der Askese und der Weltflucht entspricht, werden als sinnlos und unedel abgetan. Karl Jaspers sucht ebenfalls einen Mittelweg im Umgang mit den Grenzsituationen. Er wendet sich dagegen einen Ansatz zu verabsolutieren. Im Fall des Leidens handelt es sich um die zwei Extreme Leiden und Lust. Überwiegt eine Seite die andere, so bedeutet das die Verabsolutierung eines Wertes, was im Optimismus und im Pessimismus resultiert.

> Als Formel treten Optimismus und Pessimismus auf, indem der eine sagt: Diese ist die beste aller
> möglichen Welten, alles Übel dient einem Guten, und indem der andere entgegnet: Die Summe der Lust ist in der Welt so viel geringer als die Summe der Unlust, daß es besser wäre, die Welt wäre gar nicht[220].

---

219 Bechert, Heinz (Hg.). 2000. S. 42
220 Jaspers, Karl. Psychologie der Weltanschauungen. 1960. S. 248

In der Form des Optimismus' wird der Lust und der Lustbefriedigung ein größerer Stellenwert zugeschrieben. Da die Welt die beste ist, die es geben kann, dient in ihr alles dem Guten, diesem kann sich daher hingegeben werden. Der Pessimismus dagegen verachtet die Welt und die Dinge darin, weil das Leiden, das durch sie hervorgerufen wird, bei Weitem größer ist als die Lust. Er verneint die Welt und ihre Daseinsformen und hofft auf ein Ende des Daseins in dieser Welt.

Diese Konstellation entspricht in etwa der buddhistischen Vorstellung von den zwei Extremen. Karl Jaspers sieht den Mittelweg als den vernünftigsten an, bei dem der Mensch das Leiden anerkennt und sich dabei aber nicht aus der Welt ausklinkt sondern an ihr im Leiden und auch im Lustvollen teilnimmt. Der mittlere Weg im Buddhismus führt zum „Achtfachen Pfad", der rechte Erkenntnis lehrt sowie rechte Gesinnung, rechte Rede, rechtes Tun, rechten Lebensunterhalt, rechte Anstrengung, rechte Achtsamkeit und rechte Sammlung[221].

Die obigen Erörterungen zeigen ein recht ähnliches Bild vom Buddhismus und von Karl Jaspers hinsichtlich des Umgangs mit dem Leiden. Obwohl Jaspers jeden Zusammenhang ablehnt und die buddhistische Haltung sogar noch als einen falschen Weg darstellt, wird deutlich, dass er trotz seiner Abgrenzung starke Ähnlichkeiten mit dem buddhistischen Modell des Leidens aufweist.

5.5. Exkurs: Vielschichtigkeit in Nishidas Werk – Das Dämonische im Absoluten

Nishidas Gesamtwerk weist – wie schon mehrmals angedeutet – einige Parallelen zu den verschiedenartigsten philosophischen Strömungen auf. Da er aus der buddhistischen Tradition stammt, finden sich in seinen Arbeiten natürlich viele buddhistische Ideen, die von Nishida bearbeitet und in sein Werk aufgenommen worden sind. Darüber hinaus finden sich Ähnlichkeiten zwischen dem japanischen Philosophen und Immanuel Kant, Martin Heidegger, Hegel, natürlich Karl Jaspers und ähnliche. Es kann hierbei nicht deutlich genug auf die Tatsache hingewiesen werden, dass Nishida Kitarō in keiner Weise philosophische Theorien unreflektiert in seine eigenen Arbeiten übernommen hat. Jedes Konzept, das er aufgegriffen hat, wurde von ihm in seiner spezifischen Weise bearbeitet und diente sozusagen mehr der Inspiration für sein eigenständiges Werk. Das bedeutet, dass sich Nishida trotz seines Aufgreifens verschiedener philo-

---

221   Vgl. Bechert, Heinz (Hg.). 2000. S. 42

sophischer Gedanken jeder Kategorisierung entzieht und vor allem nicht in westliche philosophische Strömungen einzuordnen ist.

Im Folgenden soll ein westlicher Denker angerissen werden, der ähnliche Gedanken vertrat wie Nishida Kitarō. Diese Gegenüberstellung kann nur als kurzer Abriss dargestellt werden, weil sie viel zu umfangreich wäre und von der eigentlichen Thematik der vorliegenden Arbeit abweichen würde. Die Parallelen zu einem westlichen Philosophen, Sören Kierkegaard, sollen allerdings noch einmal in aller Deutlichkeit Nishidas Vielschichtigkeit zeigen, die für sein Gesamtwerk charakteristisch ist.

In seiner Darstellung der Beschaffenheit des Absoluten spricht Nishida selbst eine Parallele zu einem westlichen Philosophen an; es dreht sich hierbei um Sören Kierkegaard. Bei den Philosophen Kierkegaard und Nishida handelt es sich um völlig verschiedenartige philosophische Ansätze. Während ersterer in seiner Philosophie einen starken Einfluss vonseiten der Psychologie zu verrechnen hat und sogar als Inspiration für die Psychoanalyse gilt, lehnte letzterer den Psychologismus in der Philosophie ab. Die beiden Philosophen sollen hier keineswegs über einen Kamm geschert werden, weil sie verschiedene, individuelle Konzepte entwickelt haben. Sie sind einander allerdings in einer Thematik ähnlich: Für Nishida sowie auch für den Existentialphilosophen Kierkegaard spielte die Religion – in welcher Weise sie auch aufgefasst worden war – eine zentrale Rolle für das Individuum.

Wie oben erklärt zeichnet sich das Absolute bei Nishida durch eine absolut widersprüchliche Selbstidentität aus. Da es sich nicht auf das Relative beziehen kann um das Absolute zu bleiben, muss es in einem Verhältnis zu sich selbst stehen. Das Absolute bezieht sich also auf sich selbst immer in Form von Negation und Affirmation. Wenn das Absolute sich negiert, so stellt es eine Welt ohne sich selbst – ohne Gott – dar. Nishida stellt sich hier die Frage, wie eine Welt ohne Absolutes beschaffen sein kann. „The world of mere physical nature is an atheistic, a God-absent, world. [...] The world as the absolute absence of God is the world of Satan, one that completely negates the transcendent God (God who is Lord)[222]". Da das Absolute sich als sich stets Negierendes umfasst, muss es neben sich selbst als dem Prinzip des Guten auch sein Gegenteil als das böse Moment umfassen. Dies ist für Nishida die Erklärung des Existierens des Bösen in der Welt. Da der Mensch ein Ebenbild Gottes ist, umfasst auch er den Widerspruch von gut und böse. Nishida illustriert die-

---

[222]   Nishida, Kitarō. Last writings. 1993. S. 74

se These anhand des alttestamentlichen, christlichen Gottes, den er in Sören Kierkegaards Werk wieder findet. „This is the God who as Jehovah required Abraham to sacrifice his only son, Isaac (see Kierkegaard's Fear and Trembling)[223]".

„Und Gott versuchte Abraham und sprach zu ihm: Nimm Isaak, deinen einzigen Sohn, den du liebst, und gehe hin in das Land Morija, und opfere ihn daselbst zum Brandopfer auf einem Berge, den ich dir zeigen werde[224]".

Sören Kierkegaard spricht an dieser Stelle vom alttestamentlichen Jahwe, der Abraham befahl, ihm seinen einzigen Sohn zu opfern. Nishida interpretiert diesen Gott als seine Verneinung, als sein böses Gegenbild. Im Anschluss an die Erörterung des obigen Zitats geht Kierkegaard auf die Prinzipien des Guten und des Bösen ein, die sich beide im Menschen wieder finden. Nun soll eine kurze Darstellung dieser Analyse folgen, weil sie zu einem Ergebnis ähnlich Nishidas Konzept des menschlichen Selbst kommt.

Kierkegaards Selbst ist ein synthetisches, das in einem Verhältnis zu sich selbst steht. Es handelt sich um die Synthese von Endlichkeit und Unendlichkeit, Zeitlichkeit und Ewigem und von Freiheit und Notwendigkeit[225]. Nishidas Selbst zeichnet sich durch eine Widersprüchlichkeit in sich selbst aus. Es existiert als Einzelnes, drückt aber die Welt, also das Allgemeine, aus. Somit lässt sich auch bei Nishida ähnlich wie bei Kierkegaard von einer Synthese von Allgemeinheit und Einzelnem und von Unendlichkeit und Endlichkeit sprechen.

Kierkegaards Selbst hat die Aufgabe konkret zu werden, das bedeutet es versucht es selbst zu werden. Diese Konkretisierung bedeutet allerdings keine Aufspaltung des endlichen und des unendlichen Prinzips, sondern das Konkretwerden genau dieser Synthese. Interessanterweise sieht Kierkegaard den Prozess des Selbstwerdens nur im Glauben, im Verhältnis zu Gott. „Das Selbst ist die bewußte Synthesis von Endlichkeit und Unendlichkeit, die sich zu sich selbst verhält, deren Aufgabe es ist sie selbst zu werden, etwas das sich nur vollbringen läßt durch das Verhältnis zu Gott[226]". Das Selbst kann also nur zu seiner wahren, konkreten Be-

---

223 Nishida, Kitarō. Last writings. 1993. S. 74
224 Kiergegaard, Sören. Furcht und Zittern. Dialektische Lyrik von Johannes de Silentio. In: ders. Werkausgabe 1. Furcht und Zittern. Der Begriff Angst. Die Krankheit zum Tode. Düsseldorf, Köln: Eugen Diederichs Verlag, 1971. S. 18
225 Vgl. Kierkegaard, Sören. Die Krankheit zum Tode. Eine christliche psychologische Erörterung zur Erbauung und Erweckung von Anti-Climacus. In: ders. 1971. S. 396
226 Vgl. Kierkegaard, Sören. Die Krankheit zum Tode. In: ders. 1971. S. 414

schaffenheit angesichts Gottes kommen, was sich als eine weitere beeindruckende Parallele zu Nishida herausstellt. Auch dessen Selbst kann sein wahres Selbstbewusstsein erst in Konfrontation mit dem Absoluten erlangen.
Sören Kierkegaards Zentralthema in seiner Philosophie des Selbst ist die Verzweiflung, die das Selbst angesichts seiner Synthese mit dem Unendlichen erfahren kann. Gelingt es dem Individuum nicht ein Verhältnis zu Gott herzustellen, so fällt es in je verschiedene Formen von Verzweiflung.

Verzweifelt *nicht* man selbst sein wollen
Das Selbst, das keinen Bezug zum unendlichen Bewusstsein in sich selbst herstellen kann, verzweifelt über das Irdische. Es ist sich selbst nur innerhalb des Bereiches von Weltlichkeit und Zeitlichkeit gegeben und erkennt nur am Äußeren, das es ein Selbst hat[227]. Das Individuum betrachtet sich hier nur von außen und hofft auf eine Veränderung von Konflikten ohne selbst etwas daran zu verändern. Wird ihm dasjenige genommen, „an welchem er im besonderen hängt, wird ihm geraubt ‚durch einen Schlag des Schicksals'[228]", so verzweifelt er. Er kann erst wieder ein normales Leben beginnen, wenn ihm von außen Hilfe angeboten wird. Verzweifelt der Mensch am Ewigen, so ist er dem Bewusstsein des Verzweifelns am Irdischen einen Schritt voraus. Er versteht, dass es Schwachheit ist, sich an das Irdische zu klammern, aber er wendet sich nicht an Gott, sondern verzweifelt an dieser Schwachheit[229].

Verzweifelt man selbst sein wollen
Die interessante Parallele zu Nishida Kitarō zeigt sich erst, wenn das Kierkegaardsche Selbst sich behaupten will. Das Bewusstsein des Selbst nicht es selbst sein zu wollen, schlägt um, und das Individuum möchte zum Trotz gerade jetzt es selbst sein. Kierkegaard bezeichnet diese Position als das Dämonische. Es handelt sich hierbei nicht um einen einfachen Fall von Sünde; denn: „Das Individuum ist in der Sünde, und seine Angst ist die vor dem Bösen. Diese Gestaltung befindet sich, von einem höheren Standpunkt aus gesehen, im Guten; [...][230]". Der Dämonische zeichnet sich dagegen allerdings dadurch aus, dass er Angst vor dem Guten hat, was soviel bedeutet, wie, dass er sich im Bösen befinden muss.

---

227 Vgl. Kierkegaard, Sören. Die Krankheit zum Tode. In: ders. 1971. S. 436-440
228 Ebd. S. 438
229 Vgl. ebd. S. 448-450
230 Kierkegaard, Sören. Der Begriff Angst. Eine schlichte psychologisch-andeutende Überlegung in Richtung auf das dogmatische Problem der Erbsünde von Vigilius Haufniensis. In: ders. 1971. S. 202-203

Das Ergebnis von Kierkegaards Untersuchung des Selbst gipfelt im Dämonischen, einem Prinzip, das dem Konzept des Selbst bei Nishida Kitarō ähnelt. Wie oben gezeigt, zeichnet sich das Selbst durch ein Schlachtfeld von gut und böse auf. Es spiegelt in sich die Welt, das Absolute wider, das sich eben durch diesen Gegensatz von gut und böse manifestiert. Somit kommen die beiden Prinzipien gut und böse vom selben Stamm. Sie sind keine völlig verschiedenen Konzepte, die unabhängig voneinander zu tun haben. Dies ist die interessante Tatsache, die sich auch bei Kierkegaard wieder findet. Er stellt den dämonischen Menschen auf die gleiche Stufe wie den Religiösen, weil beide aus dem Allgemeinen heraustreten. Der Religiöse sowie der Dämonische stellen sich allein durch sich selbst in ein absolutes Verhältnis zu einer Idee. Ist die Idee Gott, so ist das Individuum religiös, ist die Idee etwas Böses, so ist das Individuum dämonisch. Der Religiöse tritt als Einzelner in ein absolutes Verhältnis zu Gott, während der Dämonische Gott, das unendliche Prinzip verneint, und in ein absolutes Verhältnis zu sich selbst eintritt.

Bei den beiden Philosophen Nishida und Kierkegaard sind ohne Zweifel verschiedene Ansätze und Motivationen am Werk, die hier darzustellen den Rahmen sprengen würden. Wichtig an dieser Stelle war allerdings aufzuzeigen, dass die beiden zu einem ähnlichen Konzept (ungeachtet ihrer philosophischen Intention) des Selbst kommen. Die Prinzipien von gut und böse sind keine voneinander abtrennbaren Kategorien; denn sie finden sich im Menschen selbst durch seinen jeweiligen Bezug zum Absoluten wider.

6. Das Sein und das Nichts

Das Nichts, ein zentraler Begriff des Buddhismus' und der östlichen Philosophie, spielt in der Philosophie von Nishida Kitarō eine entscheidende Rolle. Entsprechend seiner Tradition ist das Nichts ein ontologisch unvermeidbarer Begriff, der dem Sein entgegengesetzt ist und gleichzeitig mit diesem identifiziert wird.

Üblicherweise ist der Terminus „Nichts" in der abendländischen Philosophie negativ besetzt, indem er etwas Abwesendes, also einen Mangel, darstellt. Die Verwendung dieses Begriffes soll sich im Folgenden bei Karl Jaspers überblicksartig einer Untersuchung unterziehen. Ein Vergleich mit Nishida wird zeigen, dass der Jasperssche Gebrauch durchaus positiv bzw. neutral besetzt ist und eine ähnliche Bedeutung wie Nishidas Nichts besitzt.

6.1. Das zweifache Nichts

Bei der Erörterung des Daseins, das sich zur Existenz aufschwingt, beschreibt Karl Jaspers die Möglichkeiten des Individuums, die sich ihm angesichts seiner Zurückgeworfenheit an den Kern seines Seins nun bieten. Im idealen Fall erkennt das Individuum sich an als sich selbst Geschenktes und ergreift nun im Ursprung seines Seins die Möglichkeiten sein Dasein umzustrukturieren. Schafft der Mensch dies nicht, so verzweifelt er und sinkt „in die Bodenlosigkeit des Unendlichen[231]". Jaspers stellt dar, dass das Individuum, das angesichts einer Grenzsituation verzweifelt und diese nicht als Sprung zu einer höheren Daseinsform nutzen kann, ins Nichts fällt und sein Seinsbewusstsein verliert[232].

Das Konzept des Nichts, das Jaspers an dieser Stelle präsentiert, ist das eines Abgrunds, in das das Ich sich verlieren kann. Dieser Gebrauch des Terminus' Nichts ist offensichtlich negativ geprägt und gekennzeichnet durch einen Verlust des und somit Mangel an Seinsbewusstsein. Interessanterweise ist das Bild des Nichts' als „seinsverschluckendes" Prinzip nicht die einzige Verwendung dieses Begriffs in seiner Philosophie.

Jaspers misst dem Begriff eine zweifache Bedeutung zu und teilt ihn in das Übersein und in das Nichtsein auf.

> Wird mir transzendierend das Nichts dagegen zum absoluten Nichtsein, so ist es erst eigentlich nichts. Kann ich das Nichts als Sein des Überseins nicht denken wegen seiner Überschwenglichkeit, so dieses Nichtsein nicht, weil es schlechthin nichts ist. Gegenüber dem Nichts als Übersein wird dieses Nichtdenken der Auf-

---

231 Jaspers, Karl. 1938. S. 24
232 Vgl. ebd. S. 24

schwung meines transzendierenden Wesens; gegenüber dem Nichts als absoluten Nichtsein wird es das Grauen vor dem möglichen transzendenten Abgrund. Trat ich dort ins Nichts, um zu verschwinden als Endlichkeit zur Eigentlichkeit, so falle ich hier ins Nichts und vergehe schlechthin. „Nichts" ist als das eigentliche Sein oder das schaurige Nichtsein[233].

Das Dasein bei Jaspers pendelt zwischen den beiden Polen von Übersein und Nichtsein, während letzteres eben den Abgrund meint in den das Individuum stürzt und sein Selbstbewusstsein verliert; ersteres bedeutet die absolute Identität von Sein und Nichts.

Karl Jaspers differenziert zwischen dem eigentlichen Sein, dem transzendenten Sein[234], das das Sein in seiner Unbestimmtheit darstellt, und dem bestimmten Sein wie im Beispiel „Der Tisch ist". Das eigentliche Sein ist durch seine Unbestimmtheit zugleich undenkbar und steht somit im Gegensatz zum bestimmten Sein. Denke ich nun das bestimmte Sein nicht im Sinne von „Der Tisch ist nicht", so wird die bestimmte Ebene des Seins verneint. Eine solche Verneinung des Bestimmten bedeutet zugleich eine Bejahung des Unbestimmten, Transzendenten.

Das Nichts ist dann das eigentliche Sein als das Nichtsein jedes bestimmten Etwas. [...] Das Sein schlechthin ist stets wieder ein Nichtsein von etwas Bestimmten. War das Nichts absolut nichts, so ist das Nichtsein alles Bestimmten grade Alles als eigentliche Sein[235].

Somit kommt bei Jaspers die absolute Identität von Sein und Nichts zusammen. Nichts setzt die Abwesenheit jeglicher Bestimmung voraus, was wiederum das absolute Sein bedeutet, gerade weil dieses nicht bestimmbar und nicht denkbar ist.

6.2. Die Koexistenz der Gegensätze

Welchen Stellenwert das Nichts im Rahmen von Nishida Kitarōs Philosophie des Absoluten einnimmt, wurde weiter oben bereits ausführlich besprochen. Es handelt sich hierbei also um die Konfrontation des Nichts' mit dem Absoluten, die sich in einer absolut widersprüchlichen Selbstidentität äußert. In diesem Zusammenhang erlangt das Nichts als wesentlicher Teil des Absoluten Bedeutung; es steht diesem also nicht als Gegensatz gegenüber sondern ist in ihm integriert und mit diesem identifiziert.

---

233 Jaspers, Karl. Philosophie III. 1994. S. 45–46
234 Vgl. ebd. S. 44
235 Ebd. S. 44

Auch im Hinblick auf seine Philosophie des Ortes[236] wird der Begriff des Nichts' bei Nishida relevant. Nishida strebt hier eine Überwindung der Subjekt-Objekt-Spaltung an, weil beide seiner Meinung nach untrennbar miteinander verbunden und daher nicht zu differenzieren sind.

> Die bisherige Erkenntnistheorie ging immer vom Gegensatz zwischen Subjekt und Objekt aus und verstand Wissen so, daß [ein Subjekt] durch die Form Materie gestaltet. Anstatt [wie in der Kantischen Erkenntnistheorie] zu denken, möchte ich versuchen, vom Selbstbewußtsein auszugehen, in dem ich mich selber in mir selbst spiegele[237].

Er geht von einem Ort aus, indem das Subjekt das Objekt sehen kann. Nishida führt den Begriff des Ortes als ein Umfassendes ein, in dem alle anderen Systeme enthalten sind und stabil gehalten werden. Die Beziehung eines Gegenstandes auf einen anderen bildet ein System. Allerdings muss ein weiteres System existieren, das dieses in sich einschließt. Ohne einen „neutralen Hintergrund", der das System stabil hält, könnten die Gegensätze wie Sein und Nichtsein nicht unterschieden werden. „Seiendes muß sich in etwas (nanika ni oite) befinden. Wäre dies nicht der Fall, könnte man Vorhandensein (aru) und Nichtvorhandensein (nai) nicht unterscheiden[238]".
Der Ort ist also das Umfassende, das Subjekt (Wissendes), Objekt (Gewusstes) und den Wissensakt an sich inkludiert, wobei er selbst nicht Gegenstand der Erkenntnis werden kann[239].

Das Wesentliche an diesem kurzen Abriss der Verwendung des Begriffs des Nichts' bei Nishida Kitarō liegt in seiner Gegenüberstellung zum Sein, die sich aber schließlich aufhebt. Im Falle des Ortes wird deutlich, dass Differenzen nur erkennbar sind, sobald sie in ein größeres System gebettet werden, bei dem sie aufgrund dessen Absolutheit selbst relativ werden und als Einzelnes ihre Unterschiede aufzeigen.
Dies zeigt sich ebenfalls in Form des Absoluten, das sich selbst entgegensetzt und dabei das Nichts integriert und somit nicht unterschieden werden kann. Sein und Nichts stellen also eine ursprüngliche Einheit dar, die erst differenziert wird, sobald die Ebene des Relativen ins Bild rückt.

---

236   Vgl. Kapitel 4.2.2.
237   Nishida, Kitarō. Ort. In: ders. 1999. S. 79
238   Ebd. S. 72
239   Vgl. ebd. S. 74

7. Konklusion

Jaspers' Theorie vom gemeinsamen Ursprung
Die Ähnlichkeit der beiden Philosophen Jaspers und Nishida in Bezug auf ihre Philosophie ist mit Jaspers' eigenen Thesen gesprochen nicht ungewöhnlich. Dieser geht von einem gemeinsamen Ursprung des Denkens aus, was eine gemeinsame Quelle der Philosophie inkludiert. In der sogenannten Achsenzeit, die Jaspers zwischen 800 und 200 vor Christus ansiedelt, entwickelten die Menschen aller Kulturen vergleichbare außergewöhnliche Fähigkeiten und Gedankenleistungen. Diese gingen schließlich in die verschiedenen kulturellen Traditionen ein, was sie zueinander fremdartiger erscheinen ließ. Denkt man an den Anfang der Philosophie, der sich ja im Staunen über bisher alltägliche Gegebenheiten zeigt, so ist es durchaus nicht verwunderlich, sollten Menschen verschiedener Kultur sich ähnliche Fragen über das Leben und die Phänomene der Umwelt gestellt haben.

Nishida als Beispiel einer Jaspersschen Grenzsituation
Nishida Kitarō kann durchaus als beeindruckende Illustration des Jaspersschen Konzepts von Grenzsituationen gesehen werden. Jaspers betont, dass der Mensch angesichts einer solchen Situation, die ihn völlig aus der bisherigen Bahn wirft, seine Möglichkeiten ergreifen und das Leben aus einer anderen Perspektive sehen kann. Dies zeigt sich zum Beispiel im Tod eines Nahestehenden, der einen selbst an die eigene Grenze, also an die Sterblichkeit erinnert. Nishida hat Ähnliches erfahren, als er den Tod seiner Tochter Yūko miterlebte. Angesichts dieser Erfahrung wurde er sich des Problems seiner eigenen Sterblichkeit bewusst.

> We need the problem of death so that we can grapple with life. Before the naked fact of death, life is but a bubble. Only by solving the problem of death can we fully realize the significance of life. [...] But I am reminded thereby that I, who am grieving over the death of Yūko, will someday die[240].

Das umfassende Prinzip
Nishida und Jaspers gehen beide von einem System aus, das die scheinbaren gegensätzlichen Parteien Subjekt und Objekt umfasst. Während der eine vom Ort oder von der reinen Erfahrung spricht, nennt der andere es das Umgreifende.
Karl Jaspers kommt zur Erkenntnis, dass Subjekt und Objekt zusammengehören müssen, weil eines nicht ohne das andere sein kann. Die Bezie-

---

240 Nishida, Kitarō. Gesamtwerk. Kokubungakushi kōwa no jo. 1:414 – 20. zitiert nach: Yusa, Michiko. 2002. S. 94.

hung von einem Subjekt auf ein Objekt kann sich nur vollziehen, wenn beide präsent sind. Daher nimmt Jaspers ein System an, das Umgreifende, das Subjekt und Objekt vorangeht und diese somit umfasst. Für Nishida existieren die Gegensätze unter anderen auch Subjekt und Objekt im Ort nebeneinander und werden also vereint. Die grundsätzlichere Einigung der beiden vollzieht sich allerdings schon in der reine Erfahrung, bei der noch keine Differenz von Denkendem und Gedachtem vorgenommen wird. Ein markanter Unterschied zwischen den beiden Philosophen zeigt sich hierbei am „Ort des Geschehens". Während sich bei Nishida die reine Erfahrung im alltäglichen Bewusstsein abspielt, muss der Mensch bei Jaspers erst auf eine höhere Seinsebene, auf die Existenz steigen. Zwar vollzieht sich die Erschwingung der Existenz im Alltag angesichts einer konkreten Grenzsituation, das Wesen der Existenz selbst ist allerdings nicht im alltäglichen Bewusstsein zu finden.

Seinskategorien
Jaspers' Philosophie sieht vier Seinsebenen vor, die aufeinander aufbauen: bloßes Dasein, Bewusstsein überhaupt, Geist und Existenz. Obwohl Nishida keine direkte Einteilung des Selbst vornimmt, lässt sich in seiner Philosophie eine ähnliche Kategorisierung vornehmen. Er spricht vom Ego, das die triebbedingte Ebene darstellt, vom wahren Selbst, das sich erst angesichts des Absoluten entwickelt und vom überindividuellen Selbst, das das Bewusstsein des Absoluten darstellt.

Kommunikation
Für Karl Jaspers spielt Kommunikation in seiner Spätphilosophie eine entscheidende Rolle. Entgegen früherer Theorien der Grenzsituationen spricht er sich hier für eine exklusive Erreichung der Existenz durch existentielle Kommunikation aus. Für Jaspers spielt Einsamkeit hierbei eine große Rolle. Der Mensch muss sich zurückziehen und sich über sein Ich und seine Grenzen klar werden. Dieser Zug findet sich in Nishidas Biographie wieder. Nishida zog sich nach vielen Rückschlägen in die Einsamkeit der Meditation zurück um dann später wieder in die Gemeinschaft der Menschen zurückzukehren. Dieses Verhalten spiegelt sich in Jaspers' Philosophie wider, der Einsamkeit als Voraussetzung für existentielle Kommunikation sieht. Allerdings muss das Individuum, wie bei Nishida der Fall, aus der Einsamkeit zurückkehren, weil wahre Philosophie ständig Kommunikation suchen muss.
Der Moment der Einsamkeit ist bei Jaspers zentral. Hier wird der Mensch sich seiner selbst bewusst. Trifft er nun in der Kommunikation auf einen Anderen, so weiß er um seine eigene Beschaffenheit und die seiner Grenzen. Nishida Kitarō betont ebenfalls in seinem Aufsatz „Ich und Du"

die Wichtigkeit des allgemeinen Ursprung des Seins, der allen Menschen zugrunde liegt. Aber auch ihm ist es wichtig zu erkennen, dass das Seiende zwar aus dem Allgemeinen entspringt, jedoch als Einzelnes mit klaren Grenzen existiert.

Antinomien des Daseins
Jaspers sowie Nishida bestimmen das Dasein des Menschen als äußerst widersprüchlich. Die ontologischen Probleme des Ich bzw. des Selbst basieren auf den Gegensätzen, die das Dasein hervorbringt. Der größte Widerspruch ist sicherlich die Problematik des Todes, angesichts derer der Mensch wegen der zeitlichen Begrenztheit des Lebens oftmals scheitert.

Relatives versus Absolutes
Beide Philosophen vertreten eine Theorie, bei der das Individuum sich als etwas Relatives im Gegensatz zu einem Absoluten erkennen muss. In Jaspers' Fall handelt es sich um das Konzept der Grenzsituation, in der das Ich sich als etwas Kleines, Hilfloses erkennt, das der Macht der Situation gegenübersteht. Aber gerade diese Ausgeliefertheit einem absoluten Prinzip gegenüber, ermöglicht es dem Menschen sich aufzuschwingen zur Existenz und einen höheren Standpunkt bezüglich des eigenen Lebens und der Phänomene darin einzunehmen.
Nishidas Selbst muss dem Absoluten gegenüberstehen um zum wahren Selbst zu gelangen. Es ist notwendig für das Selbst sich zu verneinen, sich zu einem „*Nichts*" zu machen; erst dann kann es mit dem Absoluten konfrontiert werden. In Jaspers' Philosophie findet sich ein ähnliches Prinzip der Verneinung des Ichs. Um zur Existenz angesichts einer Grenzsituation zu gelangen, muss das Individuum sich erst als Dasein verneinen und sich so aufzuschwingen.

Religion
Offensichtlich spielt für Nishida Kitarō Religion für das Selbst eine entscheidende Rolle. Das Selbst ist immer schon ein religiöses Selbst; denn das Innewerden des wahren Selbst ist untrennbar verbunden mit einem Absoluten/absoluten Gott, dem es gegenüberstehen muss.
Vordergründig gesehen dürfte für Jaspers Religion keine Bedeutung für die Entwicklung des Ichs haben, denkt man an folgende Aussage: „[...] der eigentlich Religiöse kann Theologe, aber nicht ohne Bruch Philosoph, der Philosoph als solcher nicht ohne Bruch ein Religiöser werden[241]". Dies darf allerdings nicht missverstanden werden. Für Jaspers ist Religion essentiell wichtig; auf der Stufe der Existenz erfährt der Mensch Gott als sich

---

241 Jaspers, Karl. Philosophie I. 1994. S. 294

von ihm gegeben in völliger Freiheit. Wogegen Jaspers sich wehrt sind Dogmen, starre Gehäuse, die von den Menschen unreflektiert übernommen werden. Sein Bild ist also das einer Religion, die nicht nur kritiklos aus der Tradition weitergegeben wird sondern am eigenen Leib existentiell erfahren wird. Auch bei Nishida ist ein solcher Gedankengang gegeben; denn er spricht ebenfalls nicht von einem Gott, der in den Büchern überliefert worden ist, sondern von einem Absoluten, das sich dem Selbst in je eigener Weise in Konfrontation mit diesem zeigt.

Bibliographie

Karl Jaspers

Primärliteratur:

Jaspers, Karl. Allgemeine Psychopathologie. Für Studierende, Ärzte und Psychologen. Berlin: Verlag von Julius Springer, 1923

Jaspers, Karl. Betroffenheit als Zugang zur Philosophie. In: ders.: Was ist Philosophie? München 1980, S. 40. zitiert nach: Liessmann, Konrad. Zenaty, Gerhard. Vom Denken. Einführung in die Philosophie. Wien: Universitäts-Verlagsbuchhandlung Ges.m.b.H, 1998

Jaspers, Karl. Die geistige Situation der Zeit. Berlin: Walter de Gruyter & Co., 1965

Jaspers, Karl. Die maßgebenden Menschen. Sokrates, Buddha, Konfuzius, Jesus. München: Piper Verlag GmbH, 1997

Jaspers, Karl. Einführung in die Philosophie. Zwölf Radiovorträge. München: Piper Verlag GmbH, 2003

Jaspers, Karl. Existenzphilosophie. Drei Vorlesungen gehalten am Freien Deutschen Hochstift. Berlin und Leipzig: Walter de Gruyter & Co., 1938

Jaspers, Karl. Kleine Schule des philosophischen Denkens. München: Piper Verlag GmbH, 2004

Jaspers, Karl. Philosophie I. Philosophische Weltorientierung. München: R. Piper GmbH & Co. KG, 1994

Jaspers, Karl. Philosophie II. Existenzerhellung. München: R. Piper GmbH & Co. KG, 1994

Jaspers, Karl. Philosophie III. Metaphysik. München: R. Piper GmbH & Co. KG, 1994

Jaspers, Karl. Psychologie der Weltanschauungen. Berlin, Göttingen und Heidelberg: Springer-Verlag, 1960

Jaspers, Karl. Rechenschaft und Ausblick. Reden und Aufsätze. München: R. Piper & Co. Verlag, 1951

Jaspers, Karl. Vernunft und Existenz. Fünf Vorlesungen. München: R. Piper & Co. Verlag, 1960

Jaspers, Karl. Vom Ursprung und Ziel der Geschichte. München: R. Piper & Co. Verlag, 1983

Jaspers, Karl. Von der Wahrheit. Philosophische Logik. Erster Band. München: Piper Verlag, 1983

Jaspers, Karl. Was ist der Mensch? Philosophisches Denken für alle. München: Piper Verlag GmbH, 2003

Sekundärliteratur:

Räber, Thomas. Das Dasein in der „Philosophie" von Karl Jaspers. Eine Untersuchung im Hinblick auf die Einheit und Realität der Welt im existentiellen Denken. Berlin: A. Francke AG. Verlag, 1955

Reding, Marcel. Die Existenzphilosophie. Heidegger, Sartre, Gabriel Marcel und Jaspers in kritisch-systematischer Sicht. Düsseldorf: Verlag L. Schwann, 1949

Salamun, Kurt. Karl Jaspers. München: C.H. Beck'sche Verlagsbuchhandlung, 1985

Saner, Hans. Einsamkeit und Kommunikation. Essays zur Geschichte des Denkens. Basel: Lenos Verlag, 1994

Nishida Kitarō

Primärliteratur

Nishida, Kitarō. Gesamtwerk. Zitiert nach: Yusa, Michiko. Zen & Philosophy. An Intellectual biography of Nishida Kitarō. Honolulu: University of Hawai'i Press, 2002

Nishida, Kitarō. Ich und Du. In: ders. Logik des Ortes. Der Anfang der Modernen Philosophie in Japan. Übersetzer und Herausgeber Rolf Elberfeld. Darmstadt: Wissenschaftliche Buchgesellschaft, 1991. S. 140-204

Nishida, Kitarō. Last writings. Nothingness and the religious worldview. Translated with an Introduction by David A. Dilworth. Honolulu: University of Hawaii Press, 1993

Nishida, Kitarō. Logik des Ortes. Der Anfang der modernen Philosophie in Japan. Übersetzer und Herausgeber Rolf Elberfeld. Darmstadt: Wissenschaftliche Buchgesellschaft, 1991

Nishida, Kitarō. Ort. In: ders. Logik des Ortes. Der Anfang der modernen Philosophie in Japan. Übersetzer und Herausgeber Rolf Elberfeld. Darmstadt: Wissenschaftliche Buchgesellschaft, 1991. S. 72-139

Nishida, Kitarō. Ortlogik und religiöse Weltanschauung. In: ders. Logik des Ortes. Der Anfang der modernen Philosophie in Japan. Übersetzer und Herausgeber Rolf Elberfeld. Darmstadt: Wissenschaftliche Buchgesellschaft, 1991. S. 204-285

Nishida, Kitarō. Über das Gute. Übersetzung und Einleitung Peter Pörtner. Frankfurt am Main: Insel Verlag, 1993

Nishida, Kitarō. Über die innere Wahrnehmung. Zitiert nach: Demmel, Maximiliane. Der Begriff der reinen Erfahrung bei Nishida Kitarō und William James und sein Einfluss auf Nishidas Verständnis von religiöser Erfahrung. München: Martin Meidenbauer Verlagsbuchhandlung, 2004

Sekundärliteratur

Demmel, Maximiliane. Der Begriff der reinen Erfahrung bei Nishida Kitarō und William James und sein Einfluss auf Nishidas Verständnis von religiöser Erfahrung. München: Martin Meidenbauer Verlagsbuchhandlung, 2004

Elberfeld, Rolf. Kitarō Nishida. Moderne japanische Philosophie und die Frage nach der Interkulturalität. Amsterdam-Atlanta: Editions Rodopi B.V., 1999

Elberfeld, Rolf. Kitarō Nishida und die Frage nach der Interkulturalität. Diss. Philosophische Fakultät III der Julius-Maximilians-Universität zu Würzburg, 1994

Mafli, Paul. Nishida Kitarôs Denkweg. München: Iudicium, 1996

Wargo, Robert J.J. The logic of nothingness. A study of Nishida Kitarō. Honolulu: University of Hawai'i Press, 2005

Yusa, Michiko. Zen & Philosophy. An intellectual biography of Nishida Kitarō. Honolulu: University of Hawai'i Press, 2002

Sonstige verwendete Literatur

Bechert, Heinz (Hg.). Die Reden des Buddha. Lehre, Verse, Erzählungen. Übersetzt und eingeleitet von Hermann Oldenberg. Freiburg, Basel, Wien: Herder Spektrum, 2000

Buddha (angeblicher Verfasser). Das Wort des Buddha. Eine systematische Übersicht der Lehre des Buddha in seinen eigenen Worten. Ausgewählt, übersetzt und erläutert von Nyanatiloka. Konstanz: Verlag Christiani, 1953

Hashi, Hisaki. Die Aktualität der Philosophie. Grundriss des Denkweges der Kyoto-Schule. Wien: Edition Doppelpunkt, 1999

Heidegger, Martin. Kant und das Problem der Metaphysik. Frankfurt am Main: Vittorio Klostermann GmbH, 1973

Heidegger, Martin. Sein und Zeit. Tübingen: Max Niemeyer Verlag, 1967

Inoue, Kiyoshi. Geschichte Japans. Übers. Manfred Hubricht. Frankfurt/New York: Campus Verlag, 1993

James, William. Essays in radical empiricism. A pluralistic universe. New York: Longmans, Green and Co., 1947

Kierkegaard, Sören. Der Begriff Angst. Eine schlichte psychologisch-andeutende Überlegung in Richtung auf das dogmatische Problem der Erbsünde von Vigilius Haufniensis. In: ders. Werkausgabe 1. Furcht und Zittern. Der Begriff Angst. Die Krankheit zum Tode. Düsseldorf, Köln: Eugen Diederichs Verlag, 1971. S. 177-387

Kierkegaard, Sören. Die Krankheit zum Tode. Eine christliche psychologische Erörterung zur Erbauung und Erweckung von Anti-Climacus. In: ders. Werkausgabe 1. Furcht und Zittern. Der Begriff Angst. Die Krankheit zum Tode. Düsseldorf, Köln: Eugen Diederichs Verlag, 1971. S. 391-553

Kierkegaard, Sören. Furcht und Zittern. Dialektische Lyrik von Johannes de Silentio. In: ders. Werkausgabe 1. Furcht und Zittern. Der Begriff Angst. Die Krankheit zum Tode. Düsseldorf, Köln: Eugen Diederichs Verlag, 1971. S. 13-152

Reichle, Verena. Die Grundgedanken des Buddhismus. Frankfurt am Main: Fischer Taschenbuch Verlag GmbH, 2000. S. 52

Schleiermacher, Friedrich Daniel Ernst. Hermeneutik. Nach den Handschriften neu herausgegeben und eingeleitet von H. Kimmerle. Heidelberg, 1959. zitiert nach: Szondi, Peter. Schleiermachers Hermeneutik heute. In: ders. Schriften II. Jean Bollack (Hg.) Frankfurt am Main: suhrkamp taschenbuch wissenschaft 220, 1991, S. 106-130

Schumann, Hans Wolfgang. Buddhismus. Stifter, Schulen und Systeme. München: Diederichs, 1976

Shimomuro, Torataro. Logik und Mentalität der Japaner. In: Ryosuke, Ohashi (Hg.) Die Philosophie der Kyoto-Schule. München, 1990. S. 369f. zitiert nach: Elberfeld, Rolf. Kitarō Nishida und die Frage nach der

Interkulturalität. Diss. Philosophische Fakultät III der Julius-Maximilans-Universität zu Würzburg, 1994

Takizawa, Katsumi. Reflexionen über die universale Grundlage von Buddhismus und Christentum. Frankfurt am Main, Bern, Cirencester: Verlag Peter D. Lang, 1980

Yalom, Irvin D. Liebe, Hoffnung, Psychotherapie. Das große Yalom-Lesebuch. München: Random House GmbH, 2004

Anhang

Karl Jaspers

Biographie:

23.2.1883	Jaspers wird in Oldenburg geboren
1901	Studium der Rechtswissenschaft in Heidelberg für drei Semester
1902	Medizinstudium in Berlin
ab 1903	Medizinstudium in Göttingen
ab 1906	Medizinstudium in Heidelberg
8.12.1908	Promotion über „Heimweh und Verbrechen"
1904-1914	Volontärassistent an der psychiatrischen Universitätsklinik in Heidelberg
1910	Heirat mit Gertrud Mayer, die aus einer jüdischen Kaufmannsfamilie stammt
1910/1911	Teilnahme am Arbeitskreis über psychologische Theorien Freuds und verwandter Anschauungen
13.12.1913	Habilitation für Psychologie an der Philosophischen Fakultät der Universität Heidelberg
1916	außerordentlicher Professor an der Universität Heidelberg
1920	Extraordinarius an der Universität Heidelberg
1922	Mitdirektor des Philosophischen Seminars
1933	Ausschluss aus der Universitätsverwaltung aufgrund der Machtübernahme der Nationalsozialisten
Ende September 1937	Jaspers wird in Ruhestand versetzt wegen „jüdischer Versippung"
1938	Publikationsverbot
30.3.1945	Befreiung Heidelbergs durch amerikanische Truppen; Karl und Gertrud Jaspers hätten am 14.4.1945 in ein Konzentrationslager verschleppt werden sollen
nach 1945	Jaspers wird erneut Wissenschafter an der Universität Heidelberg
1948	Berufung als Professor an der Universität Basel
1967	Jaspers wird Schweizer Staatsbürger
26.2.1969	Jaspers stirbt in Basel

Werke:

1913	Allgemeine Psychopathologie. Ein Leitfaden für Studierende, Ärzte und Psychologen
1914	Psychologie der Weltanschauungen
1922	Strindberg und van Gogh. Versuch einer pathographischen Analyse unter vergleichender Heranziehung von Swedenborg und van Gogh
1923	Die Idee der Universität
1931	Die geistige Situation der Zeit
1932	Philosophie (3 Bände)
1935	Vernunft und Existenz
1936	Nietzsche. Einführung in das Verständnis seines Philosophierens
1937	Descartes und die Philosophie
1938	Existenzphilosophie. Drei Vorlesungen
1946	Die Schuldfrage
	Nietzsche und das Christentum
1947	Von der Wahrheit
1948	Der philosophische Glaube. Fünf Vorlesungen
1949	Vom Ursprung und Ziel der Geschichte
1950	Einführung in die Philosophie. Zwölf Radiovorträge
	Vernunft und Widervernunft unserer Zeit. Drei Gastvorlesungen
1951	Rechenschaft und Ausblick. Reden und Aufsätze
1954	Die Frage der Entmythologisierung
1955	Schelling. Größe und Verhängnis
1957	Die großen Philosophen
	Die Atombombe und die Zukunft des Menschen
1958	Philosophie und Welt. Reden und Aufsätze
	Wahrheit, Freiheit und Friede
1960	Freiheit und Wiedervereinigung
1962	Der philosophische Glaube angesichts der Offenbarung
1964	Nikolaus Cusanus
1965	Kleine Schule des philosophischen Denkens
	Hoffnung und Sorge. Schriften zur deutschen Politik 1945-1965
1966	Wohin treibt die Bundesrepublik? Tatsachen, Gefahren, Chancen

1967	Zur Kritik meiner Schrift „Wohin treibt die Bundesrepublik"? Schicksal und Wille. Autobiographische Schriften

Aus dem Nachlass:
1970	Chiffren der Transzendenz
1975	Kant. Leben, Werk, Wirkung
1976	Was ist Philosophie?
1977	Philosophische Autobiographie
1978	Notizen zu Martin Heidegger
1981	Die großen Philosophen. Nachlass Bd. 1
	Die großen Philosophen. Nachlass. Bd. 2
1982	Weltgeschichte der Philosophie
1983	Wahrheit und Bewährung. Philosophie für die Praxis
1985	Briefwechsel 1926-1969. Hannah Arendt und Karl Jaspers
1990	Briefwechsel 1920-1963. Martin Heidegger und Karl Jaspers
1991	Nachlass zur Philosophischen Logik

Nishida Kitarō

Biographie:

19.5.1870	Nishida wird in Unoke (in der Nähe von Kanazawa) geboren
April 1882	Abschlussprüfung an der Elementarschule in Unoke
ab 1886	Besuch der Oberschule Ishikawa Semmongakkō in Kanazawa
1889	Austritt aus der Schule ohne Abschluss
September 1891	Studium der westlichen Philosophie an der Universität Tokyo
Juli 1894	Abschluss des Studiums mit einer Arbeit über David Hume
1894	Beschäftigung mit „Prolegomena to Ethics" von Thomas Hill Green
April 1895	Anstellung als Lehrer an der Mittelschule in Nanao auf der Halbinsel Noto
Mai 1895	Heirat mit seiner Kusine Kotomi
April 1896	Anstellung als Lehrer für Ethik, Psychologie und Deutsch an seiner ehemaligen Schule in Kanazawa
ab 1896	Unterweisungen in der Zen-Meditiation

Mai 1897	Trennung von seiner Ehefrau Kotomi
Juni 1897	40-tägiger Aufenthalt zum Zweck der Zen-Meditation im Taizō-in-Tempel in Kyoto
August 1897	Meditationen im Myōshin-ji-Tempel in Kyoto Entlassung aus der Schule
Ende August 1897	Anstellung als Lehrer an der Yamaguchi-Oberschule in Kyoto
Februar 1899	Rückkehr seiner Frau Kotomi Beschäftigung mit Nietzsche, Carlyle und Goethe
1901	Nishida erhält den Zen-Namen Sunshin Beschäftigung mit Bradley, Lotze, Nietzsche, Wundt und Tolstoi
1902	Beschäftigung mit Goethe, Carlyle, Kant, Dante und Heine
1903	Bestätigung durch seinen Meister grundlegende Zen-Einsichten gewonnen zu haben Beschäftigung mit Dante, Shakespeare, Hegel, Brandes und Schleiermacher
1904	Beschäftigung mit Schiller, Schopenhauer, Dante und Hegel
1905	Beschäftigung mit Platon, Descartes, Leibniz, Spinoza, Fichte, Schelling, Windelband und William James
1909	Anstellung als Lektor an der Hochschule Gakushūin in Tokyo
1910	Assistenzprofessur für Ethik an der Universität Kyoto
1913	Professur für Religionsphilosophie an der Universität Kyoto
1914	Professur für Philosophiegeschichte an der Universität Kyoto Ordinarius für Philosophie
1925	Tod seiner Ehefrau Kotomi
1931	Heirat mit Yamada Koto
7.6.1945	Nishida stirbt in Kamakura

Werke:

1911	Über das Gute
1915	Denken und Erleben
1917	Anschauung und Reflexion im Selbstbewusstsein
1920	Das Problem des Bewusstseins

1923	Kunst und Moral
1927	Vom Wirkenden zum Sehenden (inklusive des Aufsatzes „Ort")
1930	Das selbstbewusste System des Allgemeinen
1932	Die selbstbewusste Bestimmung des Nichts (inklusive des Aufsatzes „Ich und Du")
1933	Grundprobleme der Philosophie (Die Welt des Handelns)
1934	Grundprobleme der Philosophie – Fortsetzung (Die dialektische Welt)
1935	Philosophische Aufsätze I: Der Plan zu einem philosophischen System
1937	Philosophische Aufsätze II
1939	Philosophische Aufsätze III
1941	Philosophische Aufsätze IV
1944	Philosophische Aufsätze V
1945	Philosophische Aufsätze VI
	Philosophische Aufsätze VII (inklusive des Aufsatzes „Ortlogik und religiöse Weltanschauung")

Peter Lang · Internationaler Verlag der Wissenschaften

Jost Schieren (Hrsg.)

Rationalität und Intuition in philosophischer und pädagogischer Perspektive

Frankfurt am Main, Berlin, Bern, Bruxelles, New York, Oxford, Wien, 2008.
143 S.
Kulturwissenschaftliche Beiträge der Alanus Hochschule für Kunst und Gesellschaft. Herausgegeben von der Alanus Hochschule für Kunst und Gesellschaft, Peter Schneider und Marcelo da Veiga. Bd. 3
ISBN 978-3-631-57287-0 · br. € 26.–*

Die Frage, was Erkenntnis ist und was sie leisten kann, zählt zu den Grundfragen der Philosophie. Sie entscheidet über das Selbst- und Weltbild des Menschen. Die Erkenntnisform des naturwissenschaftlichen Weltbildes der Gegenwart wird als Rationalität bezeichnet. Intuitive Erkenntnisformen, die eher ganzheitlich, ideenorientiert und phänomenologisch vorgehen, sind weniger etabliert. In den versammelten Beiträgen wird das Spannungsfeld von Rationalität und Intuition unter philosophischer und pädagogischer Fragestellung behandelt. Dabei geht es nicht darum, von vornherein einen Gegensatz zu konstatieren bzw. die eine Erkenntnisform gegenüber der anderen auszuspielen, sondern vielmehr darum, beobachtend deskriptiv das Phänomen Erkennen in sowohl historischer wie systematischer Betrachtung zu erörtern und in lebensweltlicher Konsequenz zu befragen.

Aus dem Inhalt: Rationalität und Intuition · Vom Mythos zum Logos · Die Geisteswissenschaft Rudolf Steiners · Physikalische Weltkonstitution in Antike und Neuzeit · Die Konstruktion von Wissen · Vorstellung, Begriff, Intuition · Goethes „Anschauende Urteilskraft" · Meditatives Bewusstsein · Rationalität und Intuition in der empirischen Forschung · Initiationspädagogik · Die Veranlagung von intuitiven Fähigkeiten in der Pädagogik

Frankfurt am Main · Berlin · Bern · Bruxelles · New York · Oxford · Wien
Auslieferung: Verlag Peter Lang AG
Moosstr. 1, CH-2542 Pieterlen
Telefax 00 41 (0) 32/376 17 27

*inklusive der in Deutschland gültigen Mehrwertsteuer
Preisänderungen vorbehalten

Homepage http://www.peterlang.de